나는 내가 빛나는 별인 줄 알았어요

나는 내가 빛나는 별인 줄 알았어요

프롤로그

나는 내가 빛나는 별인 줄 알았어요.

저는 제가 세상에서 가장 빛나는 별인 줄 알았습니다. 공부도, 연애도, 사업도, 인간관계도 남들보다 잘할 자신이 있었죠. 당연히 성공할 운명을 타고났다고 믿었고, 목표를 세우고 노력하면 뭐든지 이룰 수 있을 거라고 생각했습니다.

하지만 세상은 그렇게 간단하지 않았습니다.

수많은 실패를 겪으며 저는 알게 되었습니다. 세상을 살아가는 일이 결코 쉽지 않다는 것을요.

저는 ENTJ, 흔히 "지도자형"이라고 불리는 성격 유형입니다. 10대와 20대의 저는 공격적인 성격이었습니다. 항상 제가 옳다고 믿었고, 제 생각을 관철시키기 위해 누구든 설득하려 들었죠. 토론은 제 무기였고, 이기는 데 집중했습니다. 그 과정에서 상대방을 존중하는 법도, 다른 사람에게 배우고 성장하는 법도 몰랐습니다. 저는 제가 혼자서도 잘할 수 있다고 생각했습니다.

하지만 여러 상황에 무너지면서 깨달았습니다. "세상은 그렇게 만만한 상대가 아니구나."

투자에 실패했고, 연애에 실패했고, 사업에서도 실패했습니다. 그 실패들은 하나둘씩 쌓여 저를 무너뜨렸고, 결국 저는 완전히 삶의 바닥으로 떨어졌습니다. 단칸방에서 생활하며 개인회생을 해야 했습니다. 제 잘난 척과 과신은 그때의 제 삶을 전혀 지켜주지 못했습니다.

웃기지 않나요?

저는 제가 누구보다 잘나고 빛나는 별이라고 생각했는데, 실제로는 그저 작은 개똥벌레에 불과했으니까요.

그런데 그런 사람들이 저 혼자만은 아니었습니다.

많은 사람들이 스스로를 빛나는 별이라 믿다가 크고 작은 실패와 좌절을 겪으며 힘든 시간을 보냅니다. 무너진 저의 모습과 주변의 사람들을 보면서 문득 저는 이런 생각을 했습니다.

"나는 왜 이렇게 실패했을까?"

그러다 우연히 들은 노래 가사가 그 답을 말해주는 것 같았습니다.

"나는 내가 빛나는 별인 줄 알았어요. 한 번도 의심한 적 없었죠. 몰랐어요 난 내가 벌레라는 것을. 그래도 괜찮아 난 눈부시니까."

결국 저도 알게 되었습니다.

빛나는 별이라고 믿었던 어린 나이의 허세가 세상을 만나면서 빛나는 별인줄 알았던 나의 삶이 사실은 드라마 주인공처럼 대단하지도 특별하지 않고 세상의 한 부분이라는 걸, 하지만 그래도 쓰러지고, 반성하고 다시 일어서면서 끝까지 버티며 묵묵히 살아가는 하루하루가 눈부시게 빛나는 순간은 있었다는 것을요. 저를 벌레로 만들었던 모든 실패가, 결국 저를 다시 빛나게 만드는 빛의 조각이 될 수 있다는 것을요.

그리고 저는 다시 도전하기로 했습니다.
하지만! 이전처럼 그냥 무작정 도전하지 않겠다고 다짐했습니다. 실패는 이미 제게 너무 많은 대가를 치르게 했거든요. 아니, 더 이상 실패할 수 없었습니다. 저는 삶의 끝에 서 있었으니까요.
실패를 반복하지 않으려면, 실패하지 않는 법을 배워야 했습니다.
그때 문득 제가 남들에게 훈수를 둘 때 자주 사용하던 말이 떠올랐습니다.

"지피지기 백전불태(知彼知己 百戰不殆)"

제가 이해하지 못한 채 썼던 그 말이 이제야 제게 진짜로 필요한 지혜가 되었습니다. 적을 알고 나를 알면 백 번 싸워도 위태롭지 않다는 말. 손자병법에서 나온 이 표현은 단순히 전쟁에서만 적용되는 이야기가 아니었습니다. 삶에서도, 관계에서도, 그리고 사업에서도 실패를 이겨내기 위한 가장 기본적인 원칙을 말해주고 있었습니다. 이제 이 지혜는 남이 아닌 제게 필요했습니다.

저는 스스로에게 질문을 던졌습니다.

"나는 왜 실패했는가?"

그 답을 찾기 위해 이 문장의 모든 단어를 하나씩 분석해 보기로 했습니다. '나', '왜', 그리고 '실패.'

문제를 해결하는 방법은 문제를 인지하는 것에서 시작한다고 배웠습니다. 그리고 드디어 진짜 저를 인지하기 시작했습니다. 이런저런 상황을 탓하고, 핑계를 찾는 게 나에게 도움이 되는 게 아닌, 모든 문제는 결국 **'나'**로부터 시작된다는 것을요. 그 누구의 잘못도 아닌 바로 '나'의 잘못이었다는 것을요.

그래서 저는 저를 알아보기로 했습니다.

저라는 사람의 강점은 무엇이고, 약점은 무엇인지. 무엇이 저를 성공으로 이끄는지, 그리고 무엇이 저를 무너뜨리는지. 그 모든 것을 깊이 들여다봐야 했습니다.

사실 저는 제가 꽤 괜찮은 사람이라고 생각했습니다. 지능도 나쁘지 않은 편이었고, 말을 잘한다고 믿었죠. 외모도 평범 이상은 된다고 생각했고, 적당히 괜찮은 사람이라 여겼습니다. 이런 생각들이 모여 저의 자신감을 만들었습니다. 하지만 그 자신감은 현실과 저의 진짜 모습을 보지 못하게 했습니다.

저는 제 강점만 크게 바라봤고, 제 약점은 철저히 외면했습니다. 제가 잘못한 점은 인정하지 않았고, 부족한 점을 보완할 생각조차 하지 않았죠. 실패할 가능성을 전혀 고려하지 않았으며, 실패를 통해 배운 사람들의 이야기를 듣는 데도 관심이 없었습니다.

어쩌면 저에게 실패란 남의 이야기일 뿐이라 생각했죠. 하지만 실패는 그저 남의 이야기가 아니었습니다. 실패는 제 앞에 불쑥 나타났고, 저를 완전히 무너뜨렸습니다. 그리고 저는 그 실패 속에서 깨달았습니다. 제가 알고 있다고 믿었던 제 자신은 허세와 착각으로 만들어진 모습이었다는 것을요. 진짜 저는, 제가 생각했던 것만큼 강하지도 완벽하지도 않았습니다.

이렇게 저를 돌아보니, '왜'라는 질문에 답할 수 있었습니다.
저는 실패를 돌아보며, 수많은 '왜'라는 질문을 스스로에게 던졌습니다. 왜 나는 성공하지 못했을까? 왜 인간관계에서 문제가 생겼을까? 왜 삶이 이렇게 꼬였을까?
그 질문들에 답을 찾기 위해 저를 깊이 들여다본 끝에, 공통된 진실 하나를 깨달았습니다. 성공도, 인간관계도, 삶의 모든 일도 모두 상호 관계 속에서 이루어진다는 것이죠.
저는 늘 저라는 기준으로 세상을 판단했습니다. 제가 옳고, 제가 뛰어나고, 제가 맞는다고 믿었죠. 하지만 삶에는 저만의 기준이 아니라, 세상이 작동하는 객관적인 기준이 있다는 사실을 외면한 채 살았습니다.
과도한 자신감은 문제를 일으켰습니다.
저는 다양한 관점에서 상황을 보려 하지 않았습니다. 객관적인 데이터를 확인하지 않고, 제 자신감에 의존해 판단했죠. 결국, 잘못된 판단은 잘못된 결과로 이어졌고, 저는 그 실수를 반복하며 실패를 쌓아 갔습니다.

돌아보면, 제가 얻었던 대부분의 성과는 초심자의 행운에 불과했습니다. 그 행운에 취해 제대로 준비하지 않은 채 도전을 계속했고, 그 도전은 예상대로 실패로 끝났습니다. 하지만 그때는 몰랐습니다. 제가 왜 실패했는지, 무엇이 잘못됐는지조차 깨닫지 못한 채 또다시 다음 도전을 시작했을 뿐이었습니다.

이제야 '나'와 '왜'에 대한 답이 조금은 보이기 시작했습니다.

제가 실패했던 이유는 단순히 운이 없어서가 아니었습니다. 그것은 준비되지 않은 도전, 객관성을 잃은 판단, 그리고 세상에 대한 무지 때문이었습니다.

그럼 이제 남은 질문은 이것입니다. '실패'란 대체 무엇인가요?

실패는 단순히 저를 좌절시키는 사건일까요, 아니면 성장으로 가는 길목에 놓인 필수적인 과정일까요? 이 질문의 답을 찾는 것이, 제가 다시 도전하기 위한 마지막 열쇠일 것 같습니다.

'실패'란 무엇일까요?

'실패.' 과연 저를 이렇게 힘들게 한 이 단어는 무엇일까요. 실패의 정의부터 필요했습니다. 무엇이 실패인가요? 어디까지를 실패라 할 수 있을까요?

그런데 실패라는 단어를 정의하는 건 쉽지 않았습니다. 왜냐하면, 실패는 결국 시선의 문제였기 때문입니다.

예를 들어 주식 투자를 생각해보면, 누군가는 단 1%를 잃어도 실패라고 느낍니다. 반면, 누군가는 전 재산을 잃어야 비로소 실패라고 인정하죠.

창업도 마찬가지입니다. 음식점이 적자를 내는 것을 실패로 보는 사람이 있는가 하면, 적자를 내더라도 "장사가 잘 될 과정 중 하나"라고 생각하는 사람도 있습니다.

반대로 수익을 내고 있는 음식점도, 월급보다 못 번다면 실패라 느낄 수 있습니다. 투자금을 투입했는데 월급보다 적게 가져간다면 스스로를 실패한 사업가로 평가할지도 모르죠.

결국 실패란 단순히 결과로 정의할 수 없는 단어였습니

다. 시선의 차이, 기준의 차이가 실패를 결정했기 때문입니다.

하지만 한 가지는 확실했습니다. 실패는 성공보다 훨씬 더 자주 찾아온다는 것이죠.

이 세상에서 무언가에 도전한다면 성공할 가능성보다는 실패할 가능성이 훨씬 높습니다. 100억을 벌고 있는 사장도, 세상의 상황에 따라 언제든 실패할 수 있습니다.

왜냐하면 사회적 성공은 도착하면 끝나는 달리기가 아니기 때문이죠. 성공은 유지하려는 노력이 없다면 언제든 실패로 변할 수 있습니다. 끝없는 경쟁자들과 싸워야 하고, 환경과 상황은 끊임없이 변하니까요.

결국 저는 이렇게 생각하게 되었습니다. 우리는 언제든 실패할 수 있습니다. 영원한 것은 없고, 누구도 실패로부터 완전히 자유로울 수 없습니다.

그렇다면 중요한 건, 실패를 인정하고 준비하며, 그것을 과정으로 받아들이는 자세입니다.

실패하지 않으려면 하나씩 배우고, 체크하고, 성장해야 합니다. 그렇게 조금씩 실패의 가능성을 줄여나가다 보면,

손에 쥔 성공이라는 단어가 점점 더 진해지는 느낌입니다.

성공과 실패는 누가, 어디에 기준을 두느냐에 따라 크게 달라집니다. 하지만 저는 여러분에게 이런 애매한 이야기를 남기고 싶지 않습니다.

저의 기준에서 본 성공과 실패를 솔직히 이야기하고, 제가 겪었던 실패를 여러분이 반복하지 않도록 돕고 싶습니다. 함께 실패를 극복하고 멋지게 일어납시다.

목차

프롤로그 • 6

0부 ★ 사업가의 DNA 찾기: 당신의 숨겨진 사업력 진단

타고난 기질인가, 훈련된 능력인가. 8가지 사업가 유형 분석 • 24

1부 ★ 당신이 성공이 아닌 실패에 집중해야하는 이유

왜 실패에 집중해야 할까? • 42

당신을 실패자로 만드는 완벽한 성공스토리 • 45

세상은 모르는, 죽을 만큼 힘든 실패의 고통 • 50

당신의 실패를 버티게 하는 한 문장 • 55

버티면서 배운다, 당신이 모르는 실패의 가치 • 59

2부 ★ 실패에서 일어난 기적의 7가지 마인드셋

인생은 망가져도 괜찮을 만큼 충분히 길다 • 67

나만 실패한 게 아니다 • 69

성공한 다른 사람 신경 끄고, 나만의 성공에 집중하자 • 72

사업은 망해도, 몸은 망가지면 안된다 • 75

우리는 혼자서 외롭게 살 수 없다 • 78

끝은 모르지만, 작은 시작은 창대하다 • 81

포기하지 않으면 게임은 끝나지 않는다 • 84

3부 ★ 실패를 극복하는 1단계

몸과 마음 회복하기 • 93

삶의 이유 찾기 • 105

성공과 실패 재정의 하기 • 117

4부 ★ 실패를 극복하는 2단계

실패의 객관적 분석 • 141

실패를 통한 나만의 원칙 만들기 • 158

5부 ★ 실패를 극복하는 3단계

실패를 이기는 소수의 마인드셋 • 173

실패하지 않기 위한 현실적인 방법들 • 195

혼자가 아닌 함께 실패를 극복하는 방법 • 214

멘토 만들기 • 228

6부 ★ 실패를 극복하는 4단계

이제 제대로 해보자! JUST DO IT! • 251

100만원으로 시작하는 사업 • 258

500만원으로 시작하는 사업 • 275

1,000만원으로 시작하는 사업 • 293

7부 ★ 실패에 쓰러지지 않는 당신을 위해

실패에서 일어나기 위한 작가의 이야기 • 326

실패에서 계속 도전하는 당신을 위해 • 333

에필로그 • 338

0부
★
사업가의 DNA 찾기
당신의 숨겨진 사업력 진단

★

타고난 기질인가, 훈련된 능력인가
8가지 사업가 유형 분석

★

　우리는 종종 사업가들을 바라보며 "저 사람은 타고났다"라고 말해요. 하지만 과연 사업가는 타고나는 것일까요? 아니면 길러지는 것일까요?

　제 경험으로는 두 가지가 모두 맞아요. 어떤 사람들은 타고난 기질 덕분에 사업에 더 쉽게 적응하고, 또 다른 사람들은 자신이 부족한 부분을 훈련과 경험을 통해 극복하며 성장해요. 저를 예로 들면, 제가 가진 ENTJ라는 성격 유형에서 오는 강점이 있었지만, 그것만으로는 부족했어요. 제가 겪은 실패들은 제게 경험이라는 가장 귀중한 교훈을 선물했기 때문이에요.

사람들은 저마다 다른 방식으로 세상을 바라봐요. 이런 다양한 관점들이 사업에서도 각기 다른 강점으로 발현돼요. 제가 지금까지 관찰한 사업가들을 크게 8가지 유형으로 나누고, 각 유형을 특정 MBTI 성격과 연관 지어 만들어 봤어요. 물론 모든 사람이 딱 하나의 유형에만 속하지는 않아요. 우리는 여러 유형의 특성을 동시에 가지고 있으며, 아래 유형이 정답은 아닙니다. "나는 이런 이런 사업가구나?"라고 생각하시면 가볍게 읽어 주세요.

1. 비전형 - 큰 그림을 그리는 사람

관련 MBTI 유형: INTJ, ENTJ, ENFJ

비전형 사업가는 미래를 내다보는 능력이 뛰어나요. 이들은 현재 상황에서 시작해 5년, 10년 후의 미래를 그릴 수 있는 뛰어난 통찰력을 가져요. 비전형 사업가는 단순히 생존을 위한 사업이 아니라, 세상을 변화시키는 큰 그림을 그리고자 해요.

비전형 사업가의 가장 큰 강점은 미래 트렌드를 예측하고, 그 변화에 맞춰 사업 방향을 미리 조정할 수 있다는 점이에요. 이들은 종종 "저 사람은 어떻게 그걸 알았을까?"라는 반응을 이끌어내요. 그러나 이는 단순한 운이 아니라, 끊임없는 학습과 관찰을 통한 예리한 통찰력의 결과예요.

한 비전형 사업가의 사례를 보면, 2010년대 초반, 모두가 PC 시장에 집중할 때 모바일 앱 개발로 방향을 틀었어요. 당시엔 무모해 보였지만, 스마트폰 시장의 폭발적인 성장은 그의 선택이 탁월한 결정임을 입증했어요. 그는 단순히 운이 좋았던 것이 아니라, 기술 트렌드를 면밀히 관찰하고, 소비자 행동의 변화를 예측했기 때문에 그런 결정을 내릴 수 있었어요.

비전형 사업가의 약점은 때로 너무 미래에 집중한 나머지 현재의 실행력이 부족해질 수 있다는 점이에요. 또한, 자신의 비전이 너무 강하게 자리 잡아 다른 사람들이 따라오지 못하는 경우도 많아요. 따라서 비전형 사업가가 성공하기 위해서는 실행력 있는 팀원과의 협력이 중요해요.

2. 실행형 – 계획을 현실로 만드는 사람

관련 MBTI 유형: ESTJ, ISTJ, ESTP

실행형 사업가는 실행력이 뛰어난 사람이에요. 이들에게는 '생각보다 행동이 먼저'라는 원칙이 있어요. 아이디어가 아무리 좋아도 실행되지 않으면 의미가 없다는 것을 본능적으로 이해하고 있어요.

실행형 사업가의 강점은 계획을 세우고 그것을 실천하는 능력이에요. 어떤 일이든 착수하면 끝까지 완료하는 성향이 있으며, 장애물이 나타나도 빠르게 해결책을 찾아내요. 또한 시간 관리와 자원 배분에 있어서도 뛰어난 능력을 발휘해요.

실행형 사업가의 한 사례를 보면, 작은 카페에서 시작해 5년 만에 전국 체인으로 성장한 경우가 있어요. 이런 성공 비결은 바로 실행력이었어요. 매일 아침 일찍 일어나 그날의 목표를 설정하고, 하루가 끝날 때까지 그 목표를 달성하기 위해 쉬지 않고 움직이는 것이 중요한 원동력이었죠. 비즈니스 세계에서는 "아무리 좋은 아이디어도 실행하지 않으면 그저 공상일 뿐"이라는 말이 있어요.

실행형 사업가의 약점은 때로 너무 빠르게 움직이다 보니 큰 그림을 놓치거나 전략적 사고가 부족할 수 있다는 점이에요. 또한 일에 너무 몰두한 나머지 **번아웃(burn-out)**에 빠질 위험이 있어요.

3. 관계형 - 인맥으로 세상을 연결하는 사람

관련 MBTI 유형: ESFJ, ENFJ, ENFP

관계형 사업가는 사람들과의 관계를 통해 비즈니스 기회를 확장해요. 이들은 타고난 소통 능력과 공감 능력으로 사람들과 깊은 신뢰 관계를 형성하며 사업을 성공으로 이끌어요.

관계형 사업가의 강점은 네트워킹 능력이에요. 이들은 사람들을 자연스럽게 연결하고, 그 과정에서 새로운 비즈니스 기회를 창출해요. 또한 고객의 니즈를 직관적으로 파악하는 능력이 뛰어나 서비스업이나 컨설팅 분야에서 두각을 나타내요.

관계형 사업가들 중에는 어떤 모임에 가든 새로운 인맥을 만들어가며, 그 인맥들이 나중에 사업 파트너나 고객으로 이어지는 경우가 많아요. 성공적인 관계형 사업가들은 수천 명의 연락처를 관리하면서도, 놀랍게도 대부분의 사람들과 정기적으로 연락을 주고받아요. 이들에게 인맥은 단순한 숫자가 아니라 진정한 관계예요.

관계형 사업가의 약점은 때때로 인간관계에 너무 의존하다 보니, 객관적인 비즈니스 결정을 내리기 어려운 경우가 있다는 점이에요. 또한 모든 사람을 만족시키려다 본인의 에너지가 고갈되기도 해요.

4. 분석형 – 데이터에서 기회를 발견하는 사람

관련 MBTI 유형: INTP, ISTP, INTJ

분석형 사업가는 데이터와 패턴을 통해 비즈니스 인사이트를 발견하는 데 탁월해요. 이들은 논리적이고 객관적인 사고를 바탕으로 복잡한 문제를 해결하는 능력이 뛰어나요.

분석형 사업가의 강점은 데이터 기반 의사결정이에요. 이들은 감정이나 직관보다는 객관적인 사실과 수치를 바탕으로 판단하기 때문에 리스크 관리에 뛰어나요. 또한 시장의 패턴을 분석해 트렌드를 파악하고 기회를 발견하는 능력이 뛰어나요.

분석형 사업가들 중에는 부동산 투자로 큰 성공을 거둔 사례가 있어요. 수백 개의 부동산 데이터를 분석하여 가격 상승이 예상되는 지역을 정확히 예측하고, 그 결과 투자한 모든 물건이 2~3년 내에 최소 30% 이상의 수익률을 기록하는 경우도 있어요. 투자 분야에서는 "감으로 투자하면 도박일 뿐이지만, 데이터로 투자하면 과학이 된다"는 말이 있어요.

분석형 사업가의 약점은 때때로 너무 분석에 몰두하다 보니 결정을 미루거나, 행동으로 옮기지 못하는 경우가 있다는 점이에요. 또한 다른 사람들의 감정이나 비합리적인 행동을 이해하기 어려운 경향이 있어요.

5. 혁신형 - 틀을 깨는 사람

관련 MBTI 유형: ENTP, INTP, INFP

혁신형 사업가는 기존의 규칙과 관행에 도전하는 사람이에요. 이들은 **"왜 이렇게 해야 하지?"**라는 질문을 끊임없이 던지며, 더 나은 방법을 찾아내요.

혁신형 사업가의 강점은 창의적 문제 해결 능력이에요. 이들은 남들이 보지 못하는 기회를 발견하고, 기존 시장을 뒤흔드는 혁신적인 제품이나 서비스를 개발해요. 또한 변화에 두려움이 없으며, 오히려 변화를 즐기는 경향이 있어요.

혁신형 사업가 중에는 전통적인 학원 사업에 온라인 학습 시스템을 접목시켜 교육 시장을 혁신한 사례가 있어요. 코로나19 팬데믹이 오기 훨씬 전부터 "미래 교육은 온라인과 오프라인의 경계가 무너질 것"이라는 예측을 했고, 그런 학습 플랫폼은 팬데믹 동안 폭발적인 성장을 이루었어요. 이는 혁신적 사고가 가져온 결과였죠.

혁신형 사업가의 약점은 때때로 너무 많은 아이디어에 흩어져 집중력이 부족해질 수 있다는 점이에요. 또한 너무 앞서 나가다 보니 시장이나 고객이 아직 준비되지 않은 경우도 있을 수 있어요.

6. 균형형 – 안정과 성장 사이에서 균형을 찾는 사람

관련 MBTI 유형: ISFJ, ESFJ, ISFP

균형형 사업가는 급진적인 성장보다는 지속 가능한 비즈니스를 추구해요. 이들은 리스크와 보상 사이에서 최적의 균형점을 찾아내는 데 탁월해요.

균형형 사업가의 강점은 안정적인 비즈니스 운영 능력이에요. 이들은 무리한 확장보다는 현재의 비즈니스를 탄탄하게 다지는 데 집중하며, 장기적인 관점에서 사업을 바라봐요. 또한 직원 복지와 회사 문화를 중요시하며, 이를 통해 탄탄한 팀을 구축해요

균형형 사업가 중에는 작은 동네 베이커리를 운영하다가 서서히 규모를 확장해 전국에 15개의 매장을 운영하게 된

사례가 있어요. 10년 동안 단 한 번도 적자를 내지 않고, 직원 이직률도 업계 평균의 절반 수준을 유지한 경우도 있죠. 이런 성공 비결은 "무리하게 성장하지 않고, 우리가 잘할 수 있는 것에 집중한다"는 원칙에 있어요.

균형형 사업가의 약점은 때로 너무 보수적이라서 큰 기회를 놓칠 수 있다는 점이에요. 또한 변화가 필요한 시점에 안정성을 우선시하는 경향이 있어 혁신적인 변화를 놓치기도 해요.

7. 위험형 - 모험을 즐기는 사람

관련 MBTI 유형: ESTP, ENTP, ESFP

위험형 사업가는 도전과 모험을 두려워하지 않는 사람이에요. 이들은 높은 리스크를 감수하더라도 큰 보상을 추구하는 경향이 있어요.

위험형 사업가의 강점은 과감한 결단력이에요. 다른 사람들이 망설일 때, 이들은 기회를 포착하고 빠르게 행동해요. 또한 실패를 두려워하지 않으며, 오히려 실패를 배움의 기회로 삼고 회복력을 높여요.

위험형 사업가 중에는 모두가 불가능하다고 말할 때 과

감히 새로운 시장에 뛰어든 사례가 있어요. 처음 2년간은 큰 손실을 보았지만, 3년 차부터 시장이 급성장하면서 엄청난 수익을 올린 경우도 있죠. 투자 분야에서는 "다들 안 된다고 할 때 들어가야 진짜 기회를 잡을 수 있어. 모두가 된다고 할 때는 이미 늦은 거지"라는 말이 있어요.

위험형 사업가의 약점은 때로는 너무 무모한 도전으로 큰 실패를 경험할 수 있다는 점이에요. 또한 충동적인 결정을 내려 장기적인 안정성을 해칠 수 있어요. 리스크를 감수하는 것이 중요하지만, 철저한 준비 없이 움직이다 보면 예기치 못한 위험에 빠질 수 있기 때문에 신중함이 필요해요.

8. 집요형 - 끝까지 포기하지 않는 사람

관련 MBTI 유형: ISTJ, ISFJ, INFJ

집요형 사업가는 어떤 어려움이 있어도 포기하지 않는 사람이에요. 이들에게 실패는 결코 끝이 아니며, 또 다른 시작일 뿐이에요.

집요형 사업가의 강점은 뛰어난 인내력과 끈기예요. 남들이 포기할 때도 이들은 계속 도전하며, 그 과정에서 창의적인 해결책을 찾아내요. 또한 꾸준함과 성실함으로 장기적인 신뢰 관계를 구축하는 능력이 뛰어나요.

집요형 사업가 중에는 7번의 실패 끝에 8번째 창업에서 성공을 거둔 사례가 있어요. 매번 실패할 때마다 그 경험을 철저히 분석하고, 다음 도전에 적용하는 과정을 거쳤죠. 성공한 창업가들 사이에서는 "실패는 끝이 아니야. 그냥 아직 성공하지 않은 상태일 뿐이지"라는 말이 있어요.

집요형 사업가의 약점은 때로는 너무 오래 하나의 방향에 집착해 시장 변화를 놓칠 수 있다는 점이에요. 또한 자신의 한계를 인정하지 않아서 불필요한 고통을 겪는 경우도 발생할 수 있어요.

유형별 성공 전략

이제 자신에게 맞는 사업가 유형을 파악했다면, 그에 맞는 성공 전략을 알아보세요. 자신만의 강점을 강화하고 약점을 보완하는 전략을 통해 더욱 효과적으로 사업을 성장시킬 수 있어요.

<u>비전형을 위한 전략</u>
- 비전을 현실화할 수 있는 실행력 있는 팀원들을 확보하세요.

- 미래에만 집중하지 말고 현재의 실행에도 신경 쓰세요.
- 비전을 다른 사람들이 이해할 수 있도록 명확하게 커뮤니케이션하세요.
- 정기적으로 트렌드와 시장 변화를 분석하는 시간을 가지세요.

실행형을 위한 전략
- 실행에만 집중하지 말고, 때로는 멈춰서 큰 그림을 바라보는 시간을 가지세요.
- 번아웃을 방지하기 위해 적절한 휴식과 자기 관리를 실천하세요.
- 모든 것을 혼자 하려 하지 말고, 위임하는 법을 배우세요.
- 단기 목표와 장기 목표의 균형을 유지하세요.

관계형을 위한 전략
- 인맥 관리에 너무 많은 시간을 쓰지 말고, 비즈니스 핵심에도 집중하세요.
- 모든 사람을 만족시키려 하지 말고, 때로는 단호한 결정을 내리세요.
- 감정적 결정이 아닌 논리적, 객관적 판단을 연습하세요.
- 네트워킹을 통해 얻은 인맥을 비즈니스 기회로 전환하는 구체적인 전략을 세우세요.

분석형을 위한 전략

- **분석 마비(analysis paralysis)**에 빠지지 않도록 결정 시한을 정하세요.
- 데이터만큼 사람의 감정과 직관도 중요할 수 있음을 인정하세요.
- 복잡한 분석 결과를 다른 사람들이 이해할 수 있게 설명하는 능력을 키우세요.
- 실패를 두려워하지 말고, 작은 실험을 통해 아이디어를 검증하세요.

혁신형을 위한 전략

- 너무 많은 아이디어에 분산되지 말고, 가장 유망한 몇 개에 집중하세요.
- 혁신적 아이디어를 현실화할 수 있는 체계적인 실행 계획을 세우세요.
- 시장 준비도를 항상 체크하고, 때로는 타이밍을 기다릴 줄도 알아야 해요.
- 창의성을 자극하는 다양한 경험과 학습을 지속적으로 추구하세요.

균형형을 위한 전략

- 안정성만 추구하다 큰 기회를 놓치지 않도록, 적절한 리스크 테

이킹을 연습하세요.
- 변화가 필요한 시점을 놓치지 않도록 시장 트렌드를 주시하세요.
- 안정적인 기반 위에서 새로운 성장 영역을 조금씩 확장해 나가세요.
- 직원들의 만족과 비즈니스 성과 사이의 최적 균형점을 찾아보세요.

위험형을 위한 전략
- 모든 도전에 뛰어들기 전에 철저한 리스크 분석을 실시하세요.
- 포트폴리오 접근법: 모든 것을 한 번에 투자하지 말고, 여러 사업 기회에 분산 투자하여 리스크를 분산하세요.
- 결단력 있는 행동을 취하되, 실패에서 빠르게 회복할 수 있는 회복력을 키우세요.
- 위험을 감수하는 대신 준비가 되어 있다면 더 큰 기회를 잡을 수 있다는 점을 항상 기억하세요.

집요형을 위한 전략
- 때로는 지나치게 집착하지 않도록, 한 발 물러서서 상황을 객관적으로 분석할 시간을 가지세요.
- 목표를 달성하기 위한 과정을 너무 오래 끌지 말고, 필요 시 방향을 전환할 줄 아는 유연성을 키우세요.

- 비즈니스의 지속 가능한 성장 외에도 새로운 도전 과제를 설정하여 자기 발전을 도모하세요.
- 자신의 한계를 인정하는 것이 때로는 더 빠른 성공을 이끌어낸다는 점을 명심하세요.

마무리

여러분은 8가지 사업가 유형을 읽고, 자신의 유형에 맞는 전략을 파악하셨나요? 각 유형은 고유한 특성과 강점을 지니고 있으며, 이를 바탕으로 실패를 줄이기 위한 전략을 세우는데 도움을 받을 수 있어요. 자신의 사업 스타일을 잘 알고 이를 반영하여 비즈니스에 적용한다면, 더욱 효과적이고 빠르게 목표를 달성할 수 있을 거예요.

사업의 여정은 혼자서 걷는 길이 아니라 자신의 강점과 약점을 잘 이해하고 이를 전략적으로 활용하는 길이에요. 자신의 유형을 파악하고, 그에 맞는 방식으로 사업을 운영하는 것이 실패하지 않는 사업가로 성장하는 첫걸음이에요.

각 유형의 특성을 잘 활용하고, 자신의 장점을 더욱 강화하는 전략을 꾸준히 실천해 나가세요. 그 과정에서 실패와 성공을 모두 경험하면서 진정한 사업가로 성장할 수 있을 거예요.

1부

★

당신이 성공이 아닌
실패에 집중해야하는 이유

★

왜 실패에 집중해야 할까?

★

어쩌면 당신은 지금 이렇게 생각할지도 모릅니다.

"그래서 결국 성공하기 위한 것 아닌가? 그렇다면 이것도 결국 성공학의 한 종류가 아닌가?"

물론 궁극적으로는 우리 모두 성공을 원합니다. 하지만 이 책과 성공학의 차이는 접근 방식에 있습니다.

성공학은 주로 "어떻게 하면 성공할 수 있을까?"라는 질문에 집중합니다. 그리고 그 답을 찾기 위해 이미 성공한 사람들의 사례를 분석합니다. 하지만 이 접근법의 문제는, 성공이 너무나 다양한 요소들에 의해 결정되기 때문에 단순한 '성공 공식'이 존재하지 않는다는 점입니다.

반면 실패는 "어떻게 하면 실패를 더 잘 다룰 수 있을까?"라는 질문에 집중합니다. 실패는 모든 사람이 경험하는 보편적인 것이기 때문에, 실패를 다루는 방법을 배우는 것은 누구에게나 유용합니다. 특히 소액으로 사업을 시작하려는 분들에게는 실패를 최소화하고 그것을 빠르게 극복하는 방법이 더욱 중요합니다.

실패는 또한 더 현실적입니다. 많은 성공학 서적들이 "당신도 할 수 있다!", "긍정적으로 생각하라!"와 같은 낙관적인 메시지로 가득 차 있습니다. 이런 메시지는 동기부여가 될 수 있지만, 때로는 현실과의 괴리감을 느끼게 합니다.

반면 실패를 공부하는 건 실패의 고통과 어려움을 인정하는 것에서 시작합니다. 그것은 "실패는 아프다", "실패는 두렵다", "실패는 외롭다"라는 현실을 인정합니다. 그리고 그런 현실 속에서도 어떻게 앞으로 나아갈 수 있는지를 도와줍니다. 이는 직장에서 창업으로의 전환을 고민하는 분들이나 이미 도전하고 실패한 분들에게 더 실질적인 도움이 됩니다. 희망적인 메시지보다는 실제 어려움과 그 극복 방법을 미리 알려주고 일어설 수 있게 도와주기 때문입니다.

마지막으로, 실패는 성공의 정의 자체를 다시 생각하게 합니다. 많은 성공학이 재정적 풍요, 사회적 지위, 명성과 같은 외적 성공에 집중한다면, 실패학은 자기 이해, 회복력, 지혜와 같은 내적 성장에도 가치를 둡니다.

제가 실패학자가 된 이유는, 실패야말로 우리 모두가 경험하는 가장 강력한 교사라고 믿기 때문입니다. 그리고 우리가 그 교사의 목소리에 귀 기울일 때, 우리는 단순한 성공을 넘어서는 무언가를 얻을 수 있다고 믿습니다.

이제 우리는 함께 실패의 세계로 들어가 보겠습니다. 이것은 단순히 성공을 위한 또 다른 지름길이 아닙니다. 이것은 실패를 통해 더 현명하고, 더 강하고, 더 충만한 삶을 살아가는 방법에 대한 여정입니다. 특히 실패 후 재기를 꿈꾸는 분들, 소액으로 창업을 시작해야 하는 분들, 그리고 안정적인 직장을 떠나 창업을 준비하는 분들에게 실질적인 도움이 될 것입니다.

★

당신을 실패자로 만드는 완벽한 성공스토리

★

　성공학은 우리가 사회에서 자주 듣는 이야기입니다. 많은 영상과 강의들은 모두 성공만을 이야기하고, 성공을 위해 우리는 성공학을 보고, 듣고, 공부합니다. '노력하면 성공한다', '열정을 쏟으면 꿈은 이루어진다'는 말로 스스로에게 동기부여를 하고, 무언가 성공한 사람들의 특별한 방법이 있다는 믿음으로 전문가에게 일을 맡기기도 하고, 강의에 큰 돈을 쓰기도 합니다.

　아직 우리가 경험해보지 못한 세상, 그곳을 위해 열심히 노력하고 또 누군가는 생각만 하고 부러워합니다. 하지만 세상의 기준에 또 우리의 기준에 성공한 사람은 소수입니다. 요즘 SNS에 자신의 부를 자랑하는 사람들이 많아지면서 성공하는 사람들이 많아졌다고 생각이 들 수도 있지만 이제 우리는 알고 있습니다. 보이는 게 다가 아니라는 걸. 진짜 성공한 사람들은 오히려 자신의 자산과 부를 과시하고 자랑하지 않는 사람들이 더 많다는 걸.

왜 우리는 이렇게 성공적이고 안정적이고 부족하지 않은 삶을 얻으려 이렇게 노력하지만 성공하는 사람보다 실패하는 사람이 많을까요? 이유는 간단합니다. 달리기에서 모두가 공동 1등이 될 수 없습니다. 누군가는 1등을 해야 하고 누군가는 2등, 3등, 4등을 합니다. 즉 자본주의에서 모두가 원하는 걸 노력하고 원한다고 가질 수 없는 구조입니다. 그렇기에 성공의 달콤함보다 실패를 겪는 사람들이 더 많을 수밖에 없습니다.

그런데 왜 실패에 대한 이야기가 부족할까요? 그 이유는 대부분 사람들이 실패를 두려워하고, 그로 인해 사회가 실패를 부정적으로만 보려 하기 때문입니다. 그러나 실패는 그 자체로 중요한 배움의 과정이며 성공에 도달하기 위해 필연적인 존재입니다. 사실 실패는 성공보다 더 많이 다루어야 할 주제입니다. 성공학이 강조하는 이상적인 그림에 맞추어 살아가면, 실질적인 어려움에 직면했을 때 어떻게 해야 할지 모르게 됩니다. **반면, 실패는 우리가 현실적으로 마주할 수 있는 문제들에 대해 더 진지하게 생각하게 하고, 그로 인해 중간에 포기하지 않고 방법을 찾으며 나아갈 수 있습니다.**

지금까지 읽은 수많은 성공학 서적들은 대부분 비슷한 패턴을 가지고 있었습니다. 주인공이 어려움을 겪고, 불굴의 의지로 그것을 극복하며, 마침내 큰 성공을 이루는 스토리죠. 이런 이야기는 영감을 주기에 충분합니다. 하지만 한 가지 중요한 문제가 있습니다. 이런 성공 스토리는 대부분 '결과론적 서술'이라는 점입니다.

성공한 후에 돌아보면 모든 실패와 어려움은 성공을 위한 '과정'으로 포장됩니다. 그리고 그 과정이 너무 깔끔하게 정리되어 있습니다. 마치 처음부터 계획된 것처럼. 하지만 현실의 실패는 그렇지 않습니다. 실패의 순간에는 그것이 어떤 성공으로 이어질지 아무도 모릅니다. 단지 고통과 좌절만 있을 뿐입니다.

잠시 한 30대 후반의 사업가이자 저의 지인인 A씨 이야기를 들려드리겠습니다. 자본금 5,000만 원으로 첫 술

집창업에 도전했습니다. 좋아하는 요리였고, 나름 시장 조사도 했다고 생각했습니다. 하지만 3년 만에 그 가게는 완전히 실패했습니다. 모든 자본금을 잃었을 뿐만 아니라, 6,000만 원의 빚까지 지게 되었습니다.

그 후로도 계속해서 도전했습니다. 온라인 쇼핑몰, 프랜차이즈 가맹, 주식 투자까지. 하지만 결과는 매번 실패였습니다. 특히 세 번째 도전이었던 프랜차이즈 창업은 가장 큰 상처를 남겼습니다. 은행 대출과 지인들에게 빌린 돈으로 시작한 그 사업은 또 다시 3년도 채 가지 못하고 문을 닫았습니다. 남은 건 2억 원이 넘는 빚과 깊은 자괴감뿐이었습니다.

그는 창업하는 내내 성공학 서적을 읽었습니다. 성공한 사업가들의 강연을 들었습니다. 그들은 모두 "포기하지 마라", "실패는 성공의 어머니다"라고 말했습니다. 하지만 왜 그에게는 그 말들이 전혀 도움이 되지 않았을까요? 남들은 쉽게 성공하는 것 같은데 그에게 실패를 왜 이렇게 힘들까요?

그 이유는 성공학이 가진 근본적인 문제에 있습니다. 성공학은 이미 성공한 사람들의 이야기를 바탕으로 합니다.

그들의 실패는 모두 '성공을 위한 과정'으로 미화됩니다. 하지만 실패하고 다시 일어서지 못한 수많은 사람들의 이야기는 어디에도 없습니다. 이것이 바로 '생존 편향'입니다.

성공한 사람 100명의 이야기보다, 어쩌면 실패한 1명의 이야기가 우리에게 더 많은 교훈을 줄 수 있습니다. 왜냐하면 대부분의 사람들은 실패를 경험하며, 그 실패를 어떻게 다루느냐가 우리 삶의 방향을 결정하기 때문입니다.

★

세상은 모르는, 죽을 만큼 힘든 실패의 고통

★

실패는 저에게도 찾아왔습니다. 20대 후반까지 과외와 알바 그리고 한국과 중국을 오가며 보따리상을 하면서 조금씩 돈을 모았고, 중국 유학을 끝내고 한국에 돌아와 영업사원과 작은 스타트업에서 계약직까지 함께하며 돈을 모았습니다. 그러다 코로나 시기에 모은 돈으로 주식투자를 시작했고, 처음 주식시장이 떨어져 큰 손해를 보다가 다시 올라오면서 주식 계좌에 10억이라는 단위까지 보며 큰돈을 벌었던 적도 있었습니다. 하지만 그때 나는 큰돈을 감당할 수 있는 사람이 아니었습니다. 욕심이 생겼고, 대출과 신용거래까지 하면서 빚투를 시작했습니다. 당시는 빨리 30억을 모아서 은퇴하고 싶다는 생각 뿐이었습니다.

그러나 결과는 참혹했습니다. 하락장이 오면서 수익을 모두 날리고, 신용대출과 신용거래로 손해를 복구하려 했지만, 상황은 점점 더 악화되었고, 빚은 3억 원에 달했습니다. 자살도 생각했지만 용기가 나지 않았고, 저를 믿고 응원해준 가족들과 지인들도 떠올랐습니다 그래서 한번은 더 도전했습니다.

하지만 소액으로 다시 시작해야 하는 현실이 눈앞에 펼쳐졌습니다. 자본이 없으니 선택지는 제한적이었고, 빚은 매달 갚아야 했습니다. 그 상황에서 남들처럼 큰 사업을 시작할 수는 없었습니다.

어렵게 주변의 도움으로 동업자와 함께 유통사업을 시작했고, 하루 16시간 넘게 일했습니다. 사업 감각은 있었지만 초보였기에 유통을 하는 법, 제품을 디자인하는 법, 마케팅, 고객관리 등등 하나씩 실패하고 성장하며 배웠습니다. 외주를 줄 수 있는 돈이 없으니 모든걸 스스로 해야했습니다. 그렇게 매일 매일 열심히 하니 운이 좋게도 1년 4개월 동안에 3억 원 넘는 매출을 달성하며 다시 일어서는 듯했습니다. 하지만 인생은 쉽지 않았습니다. 개인회생 중이라 사업자를

낼 수 없었던 상황을 이용한 동업자가 약속했던 50%의 지분을 인정하지 않아, 회사의 모든 수익을 빼앗겼습니다. 집도 없이, 통장에 50만원도 없이 내쫓겼습니다.

실패에 또 실패가 겹치면서 또 다시 무기력과 자살 충동이 밀려왔습니다. 한 달 동안 골방에서 돈이 없어 밥도 제대로 못 먹으면서 간절한 마음으로 성경을 읽고 매일 기도했고 이렇게 삶을 끝내고 싶지 말자는 다짐을 하고 다시 정말 간절한 마음으로 또 다시 일어나기로 결심했습니다.

돈이 없어 지내던 집에서 나와 다니던 주짓수 도장 관장님 집에서 지내야 했습니다. 관장님 집에서 지내며 아무것도 하지 않고 3일 동안 앞으로 할 일을 생각 했습니다. 그리고 행동했습니다. 관장님에게 1,000만원을 빌려 다시 제품을 생산하고 판매했습니다. 그리고 비록 투자에 실패했지만, 실패하면서 배운 경험과 지식으로 1억을 투자받아 주식투자를 대신해주며 수익의 30%를 받는 조건으로 일했습니다. 1년 동안 5,600만원의 수익을 내고, 그중 30%를 받아 2,000만원으로 제품을 추가했습니다. 물론 쉽지 않았습니다. 매달 200만원 넘게 빚을 갚고 생활도 해야하니 통장에 돈을 항상 50만원을 못 넘겼고, 동업자와 각종 법정 다툼도 해야해서 법 공부를 하면서 변호사 없이 나홀로 소송을 준비했습니다. 그 과정에서 많은 것을 배우며 성장했습니다. 실패의 두려움보다 해야 한다는 생각과 어떻게 해야 하는지에만 집중했습니다. 주변에 신뢰를 보여주고 간절함을 보여줬습니다. 상황이 완벽하지는 않지만, 회사 매출도 조금씩 상승하고 있고, 상표권과 법적 문제들도 AI를 활용해 해결해나갔습니다.

실패는 나를 힘들게 했지만, 자존심과 자만이 성공을 만드는 게 아니라는 것을 알게 해주었습니다. 실패가 나를 성장시키고 겸손하게 만들었고, 남에게 배우려 하지 않던 나를 변화시켰습니다. 멘토를 찾고, 공부하고, 나의 팀을 만들었습니다. 물론 그 과정에서 말하지 못할 고통이 너무 많았습니다.

아직 실패에서 일어어서는 문턱에 있지만, 빛나는 별은 아닌 그냥 세상에 있는 한 마리 개똥벌레지만 그래도 "다시 일어서는 법을 아니까. 몇 번 해봤으니까. 그 고통이 얼마나 죽을 만큼 힘든지 아니까. 실패 때문에 힘든 사람들을 위해 포기하지 않을 수있었던 마인드 그리고 방법을 알려주자" 그렇게 용기를 내어 세상이 이야기하는 성공학이 아닌 실패에서 일어나는 실패해도 무너지지 않는 실패를 주제로 글을 쓰게 되었습니다. 꼭 그분들에게 실패에서 일어난 스토리를 선물하고 싶습니다.

★

당신의 실패를 버티게 하는 한 문장

★

"현재의 고난은 장차 우리에게 나타날 영광과 비교할 수 없도다." 로마서 8:18

이 말은 내가 가장 어두운 시간을 겪을 때 나를 지탱해준 문장이었습니다. 사업에 실패한 후, 저는 개인회생 절차를 밟고 있었고, 수익의 대부분은 채무 변제에 사용되었으며, 소형 원룸에서 간신히 생활을 유지하고 있었습니다. 자존감은 바닥이었고, 미래는 보이지 않았습니다.

그때 10년 넘게 함께 지낸 멘토이자 형이 내게 이 말을 해주었습니다.

"지금 포기하면 여기서 끝이야. 하지만 견디면, 지금의 이 모든 것이 언젠가 너의 성공 스토리에서 중요한 한 챕터가 될 거야."

이 말은 단순하지만 내게 큰 울림을 주었습니다. 내가 지금 겪고 있는 이 고통과 좌절이 단지 의미 없는 것이 아니라, 미래의 어떤 성공을 위한 '과정'이 될 수 있다는 것. 물론 그 성공이 어떤 모습일지, 언제 올지는 아무도 알 수 없습니다. 하지만 한 가지 확실한 것은, 나의 인생에서 무언가 이루기를 포기하면 그걸 이룰 수 있는 유일한 사람이 포기하는 거고, 그럼 어떤 가능성조차 사라지고 아무것도 이룰 수 없다. 하지만 무언가를 이룰 수 있는 내가 포기하지 않으면 그 결과가 무엇이라도 만들어 질 수 있는 생각을 했습니다.

제가 이 생각과 다짐을 통해 배운것은 성공한 사람들이 이야기하는 '포기하지마라! 견디는 사람이 이기는거다! '는 말이 진짜 현실의 지혜로 다가왔습니다. 많은 성공학 서적들이 "절대 포기하지 마라"라고 반복하지만, 사실은 그 말 속에 숨겨진 현실적인 어려움들—실패의 고통, 자기 의심,

주변의 비난, 경제적 어려움—은 충분히 느끼지 못했습니다. 그래서 과거의 나는 그 메시지가 진심으로 다가오지 않았지만 현실에서 실패의 고통을 맞으며 진심으로 깨달았습니다. 그래서 더 진심으로 나를 버티게 해준 지혜를 지금 이 시간도 힘들어하는 분들에게 전달하고 싶었습니다. 그리고 그 생각이 저를 더 버티게 해줬습니다.

'포기하지 않는다'는 것은 실패와 고통을 마주하고, 그것을 인정하며, 그 속에서 무엇을 배울 수 있는지 고민하는 과정입니다. 또한, 실패가 주는 고통을 견디면서도 앞으로 나아가는 법을 배우는 것입니다. 이는 그저 버티는 것이 아니라, 실패에서 배운 교훈을 바탕으로 나아갈 방향을 수정하고, 다시 시작하는 과정입니다.

이 '견딤'은 수동적으로 버티는 것이 아닙니다. 그것은 내가 겪은 실패와 고통을 분석하고, 그로부터 배우며, 전략을 수정하는 능동적인 과정입니다. 소액으로 시작할 수 있는 사업 모델을 찾고, 리스크를 관리하며, 실패에서 얻은 교훈을 실제 행동으로 옮기는 것이죠.

이 모든 과정에서 중요한 것은, 실패가 가르쳐주는 '회복력'입니다. 우리가 정말 중요한 것은 넘어지지 않는 것이 아니라, 넘어졌을 때 얼마나 빨리 일어설 수 있는지입니다. 내가 수많은 실패를 겪고 다시 일어설 수 있었던 이유는, 역설적이게도 그 실패들 덕분이었습니다. 첫 번째 실패가 두 번째 실패를 견디게 해주었고, 두 번째 실패는 세 번째 실패를 이겨낼 힘을 주었습니다. 그리고 그 과정에서 나는 조금씩 더 강해졌습니다.

★

버티면서 배운다, 당신이 모르는 실패의 가치

★

　실패의 진짜 가치는 무엇일까요? 많은 사람들이 "실패는 성공의 어머니"라고 말합니다. 하지만 실패 자체가 성공을 보장하는 것은 아닙니다. 같은 실패를 반복하는 사람들도 많기 때문이죠. 실패가 진정한 가치를 갖기 위해서는 그것을 제대로 '배움'으로 전환할 수 있어야 합니다.

　저는 투자 실패를 통해 욕심을 버리는 마인드, 시장 조사의 중요성, 자금 관리와 현금 흐름의 중요성, 그리고 리스크 관리의 필요성을 깨달았습니다. 사업에서의 실패는 파트너십과 계약의 중요성을 뼈저리게 느끼게 해주었습니다. 이러한 교훈들은 자본을 투자해 결과를 만들어야 하는 사람들에게 매우 중요한 지침이 됩니다. 자본이 적을수록 실수의 여유가 적기 때문입니다.

하지만 사업에서 얻은 구체적인 교훈들보다 더 중요한 것이 있습니다. 바로 실패가 가르쳐주는 가치는 '자기 자신에 대한 이해'입니다.

실패는 우리의 약점을 드러냅니다. 저의 경우, 추진력과 결단력이 강한 성격이지만, 주변의 이야기를 듣는 법과 리스크에 대한 대비하는 능력에 부족한 점이 있었습니다. 그로 인해 사업 초기 중요한 세부 사항들을 놓치는 경우가 많았습니다. 또 다른 사람들의 의견을 무시하고 내 판단만을 믿는 경향도 있었습니다. 이러한 약점들이 제 실패의 중요한 원인이었습니다.

그럼에도 불구하고 실패는 우리의 진짜 강점도 보여줍니다. 어려운 상황에서도 저는 빠른 회복 탄력성과 그동안 쌓아온 영업 능력이 있다는 것을 알게 되었습니다. 이 강점들은 이후 새로운 사업을 시작하는 데 큰 도움이 되었습니다.

실패 이후 창업을 꿈꾸는 분들에게 메타인지 즉 자기 자신을 이해하는 것은 정말 중요합니다. 자신의 강점과 약점을 아는 것만큼 중요한 준비는 없습니다.

스스로를 통해 자기 자신을 돌아보고 배울 수 있다면 실패가 우리에게 주는 또 하나의 가치, 바로 다시 일어서는 힘을 배울 수 있습니다. 인생에서 중요한 것은 넘어지지 않는 것이 아니라, 넘어졌을 때 얼마나 빨리 일어날 수 있느냐입니다.

제가 수많은 실패 후에도 다시 일어설 수 있었던 이유는, 역설적이게도 그 실패들을 원망하지 않고 돌아보고 인정하고 배웠기 때문입니다. 첫 번째 실패가 두 번째 실패를 견디게 해주었고, 두 번째 실패는 세 번째 실패를 이겨낼 힘을 주었습니다. 그리고 그 과정에서 저는 조금씩 더 강해졌습니다.

실패 경험이 주는 진짜 가치는 바로 이것입니다. 그것은 우리를 더 강하고, 더 현명하며, 더 겸손하게 만듭니다. 이런 내적 성장이 없다면, 외적인 성공은 일시적인 것에 불과할 것입니다.

저는 제 실패 경험을 통해 중요한 교훈을 얻었고, 그것이 저를 성장시켰습니다. 실패를 부정적으로 바라보는 시각을 바꾸고, 그것을 성장의 발판으로 삼는 힘을 키우는 것이 중요합니다. 이것이 제가 생각하는 실패의 진짜 가치입니다.

2부
★
실패에서 일어난 기적의 7가지 마인드셋

이 책은 통계와 이론으로 가득한 성공 매뉴얼이 아닙니다. 바닥까지 추락했던 한 사람이 다시 일어서며 극복한 현실과 배운 지혜들을 담은 기록입니다. 여러분 중 많은 분들이 지금 겪고 있는 고통과 절망이 영원할 것 같다고 느낄 겁니다. 저도 그랬습니다. 아니 지금도 가끔씩 그런 압박감에 잠 못 이룰 때가 많습니다. 완전한 실패와 빚을 짊어지고 개인회생 신청서를 작성하던 그 순간, 인생이 끝났다고 생각했습니다.

하지만 시간이 지나고, 좋은 사람들을 만나고, 하나씩 일을 해결하면서 깨달았습니다. 실패가 인생의 끝이 아니라 새로운 성장의 시작이었다는 것을요. 그 어둠 속에서 빛을 찾아가는 과정에서 가장 중요했던 것은 바로 '마인드셋'이었습니다. 올바른 마음가짐 없이는 어떤 전략이나 기술도 효과가 없었습니다.

얼마 전 일론 머스크의 이야기를 들었습니다. 그는 가장 어려웠던 시기에 집도 없이 여자친구 집에서 지내며 한 달 동안 30달러로 생활했다고 합니다. 그리고 일론은 이렇게 생각했다고 합니다. "한 달에 30달러로 살 수 있잖아? 최악의 상황에서도 적어도 30달러는 벌 수 있을 거야." 이런 마인드셋이 그를 아무리 힘든 상황에도 무너지지 않게 했고, 결국 지금의 포기를 모르고 성장하는 사업가로 이끌었다고 생각합니다.

저의 경험도 비슷했습니다. 하루하루는 죽고 싶을 만큼 고통스럽고 부끄러웠습니다. 하지만 한 달, 두 달, 반년, 1년이 지나니 조금씩 다시 사람답게 살 수 있게 되었습니다. 0원에서 아니 마이너스 3억에서 일어서려면 시간이 많이 필요합니다. 하루 아침에 다시 일어설 수 없습니다. 빨리 일어서려는 욕심이 오히려 더 큰 손해를 만들고, 몸과 정신을 더 아프게 할 수 있습니다. 기억하세요. 시간이 많은 것을 해결해주기도 합니다. 그 시간을 포기하지 않고 버티려면 유연한 정신과 건강한 육체가 필요합니다.

실패에서 회복하는 과정은 마라톤과 같습니다. 단거리 달리기처럼 순간의 속도가 아니라, 포기하지 않고 끝까지 가는 인내가 필요합니다. 그리고 그 여정을 시작하기 전에, 여러분의 마음을 단단하게 해줄 7가지 마인드셋을 준비 했습니다.

이제부터 소개할 7가지 원칙은, 제가 실패의 늪에서 허우적거리며 하나씩 붙잡았던 생존의 지혜들입니다. 이것들은 화려한 성공의 비결이 아니라, 절망의 순간에 한 걸음 더 나아갈 수 있게 해주는 작은 등불과 같은 것들입니다.

무너진 자존감을 다시 세우고, 상처받은 마음을 치유하며, 새로운 시작을 위한 용기를 찾고 싶으신가요? 그렇다면 실패를 극복하기 위한 구체적인 방법을 배우기 전에, 먼저 이 7가지 마인드셋을 가슴에 새겨보시기 바랍니다. 이것이 여러분의 회복 여정의 첫걸음이 될 것입니다.

★

인생은 망가져도 괜찮을 만큼 충분히 길다.

★

"그는 성공했다", "그녀는 실패했다"와 같은 판단은 특정 시점에 기반한 것입니다. 하지만 인생은 생각보다 깁니다. 오늘의 성공이 내일의 실패가 될 수 있고, 오늘의 실패가 내일의 성공을 위한 발판이 될 수 있습니다.

저는 주식 투자로 10억까지 자산을 늘린 후, 욕심으로 모든 것을 잃었습니다. 그 순간 저는 완전한 실패자라고 생각했습니다. 마치 인생이 거기서 끝난 것 같았죠. 모든 미래가 회색빛으로 보였습니다. 하지만 시간이 지나면서, 당시의 스트레스와 고통은 점점 작아졌고 정말 힘들고 고통스러운 경험이었지만, 실패가 가르쳐준 교훈이 이후의 도전에서 큰 자산이 되었습니다. 그때의 '실패'가 없었다면, 회복 후에도 다시 실패를 할 가능성이 높다는 걸 잊지 마세요.

인생을 마라톤으로 생각해보세요. 42.195km를 달리는 과정에서 10km 지점에서 넘어졌다고 해서 경기가 끝난 것은 아닙니다. 다시 일어나 계속 달릴 수 있습니다. 꼭 1등을 해야 사는게 아닙니다. 100등도 1000등도 본인만의 기준과 성취가 있다면 의미가 있습니다. 사업에서의 실패, 투자에서의 손실, 관계에서의 어려움—이 모든 것은 긴 인생의 한 부분일 뿐입니다.

이렇게 장기적 관점을 가지면 실패의 무게가 한결 가벼워집니다. 실패는 끝이 아니라 과정의 일부임을 인정하는 것이 중요합니다. 제 경우도 처음에는 빚을 갚고 다시 정상적으로 살아가는 일이 불가능한 일처럼 느껴졌습니다. 하지만 한 걸음씩 나아가다 보니, 불가능해 보였던 일들이 서서히 가능해지기 시작했습니다.

이런 장기적 시각은 특히 창업이나 투자에서 중요합니다. 당장의 결과에 일희일비하기보다는, 꾸준히 배우고 성장하며 장기적인 성공을 위한 기반을 다지는 데 집중해야 합니다. 어떤 실패도 영원하지 않으며, 그것을 어떻게 받아들이고 대응하느냐에 따라 미래가 달라질 수 있습니다.

★

나만 실패한 게 아니다

★

　세상에서 가장 성공한 사람들도 우리가 모르는 수많은 실패를 경험합니다. 성공한 사람과 그렇지 못한 사람의 차이는 실패 여부가 아니라, 그 실패를 어떻게 다루느냐에 있습니다.

　스티브 잡스는 애플에서 쫓겨났고, 토스 이승건 대표는 8번의 사업 실패를 경험했으며, 아마존 창업자 제프 베조스는 수많은 실패 프로젝트에 수십억 달러를 소비했습니다. 우리가 그들의 성공만 기억하는 이유는, 그들이 실패에도 불구하고 계속 도전했기 때문입니다.

　해외의 엄청난 사업가들 뿐만 아니라 저의 주변에도 자

영업을 3번, 4번 도전해서 성공하는 분들이 있습니다. 저의 멘토이자 지인인 형과 함께 유학 시절, 한화 2000원의 택시비를 아끼기 위해 20분씩 걸어다녔던 기억이 있습니다. 당시 그 형의 가족은 사업 실패로 인해 큰 빚을 지고 어려운 상황에 처해 있었습니다. 그 모습을 보면서 '와… 정말 망했는데 다시 일어설 수 있을까?'라고 생각했지만, 그 형은 3년간 도전하고 방법을 배우면서 성장해서 돈을 버는 방법을 배웠고, 8년이 지난 지금은 월 순수익 3000만원 이상을 벌고 있습니다. 저는 그 과정을 옆에서 보았습니다. 결국 작든 크든 실패는 모두에게 오지만 그 실패가 클수록 더 많이 성공이 올 수도 있다는 것을 배웠고, 사람이 얼마나 단단해질 수 있는지를 두 눈으로 보았습니다.

저 역시도 여러 사업 실패 후에도 계속해서 일어설 수 있었던 것은, 실패를 비정상적인 것이 아닌 모두에게 오는 성장 과정의 일부로 받아들였기 때문입니다. 더 큰 실패는 최선의 결정을 내리게 하고, 더 열심히 일할 수 있는 원동력을 주며, 더 효율적으로 매출을 만드는 지혜를 가르쳐주었습니다.

실패를 정상화하기 위해서는 먼저 성공한 사람들의 실

패 이야기를 찾아 읽어보는 것이 도움이 됩니다. 그들도 여러분과 같은 두려움과 좌절을 경험했다는 것을 알게 될 것입니다. 또한, 자신의 실패를 숨기지 마세요. 사랑하는 사람들과 실패 경험을 공유하는 것은 치유의 첫걸음이고 빠르게 성장 할 수 있는 원동력이며 기회가 될 수 있습니다.

실패했을 때 자신에게 하는 말에도 주의하세요. "나는 실패자야"가 아니라 "이번 시도가 실패했어"라고 생각하세요. 그리고 실패를 통해 배운 것을 구체적으로 기록해보세요. 이렇게 하면 실패가 헛되지 않았다는 것을 확인할 수 있습니다.

우리 모두는 실패합니다. 이 단순한 진실을 받아들이는 것만으로도 실패의 충격과 수치심을 크게 줄일 수 있습니다. 실패는 당신만의 경험이 아니라, 모든 인간이 겪는 보편적인 경험입니다.

★

성공한 다른 사람 신경 끄고, 나만의 성공에 집중하자

★

　많은 성공학이 재정적 풍요, 사회적 지위, 명성과 같은 외적 성공에 집중한다면, 저는 자기 이해, 회복력, 지혜와 같은 내적 성장에도 큰 가치를 둡니다. 진정한 성공이란 무엇일까요?

　저는 큰 돈을 벌었을 때보다, 실패 후 작은 성과를 이루고, 주변 지인들의 도움을 받고, 하루 12시간 이상을 일 만 하던 모습에서 벗어나서, 운동도 하고, 데이트를 다니고, 지인들과 즐거운 시간을 보내며 인생의 가치와 자신의 가치를 재발견했을 때 더 큰 만족감을 느꼈습니다. 물론 그런 시간을 보내면서도 속으로는 돈 걱정, 미래 걱정을 계속하고 있습니다. 당연히 현실 또한 어려운 상황에 있습니다. 하지만 견디며 단단해지고 또 나에게 주어진 하루에 감사하려 노력합니다. 그러면서 물질적 성공만 쫓는 것이 아닌, 다른 사람들을 돕고 영향을 미치는 것에서 더 깊은 의미를 찾게 되었습니다. 이런 경험을 통해 저는 설령 물질적 성공을 얻게 된다 하더라도, 그것을 내 삶의 더 진정한 '성공'을 위한 도구로 활용하고 싶다고 생각하게 되었습니다.

사회는 종종 성공을 획일화된 기준 예를 들어 큰 집, 비싼 차, 높은 연봉, 명문대 학위 등으로 정의합니다. 하지만 실패에서 느낀 저의 진정한 성공은 훨씬 더 개인적이고 주관적입니다. 누군가에게는 가족과의 시간이, 다른 이에게는 창의적 표현이, 또 다른 이에게는 사회 기여가 성공일 수 있습니다.

진정한 성공을 찾기 위해서는 먼저 자신만의 성공 기준을 세워야 합니다. 다른 사람의 기준이나 사회적 통념에 얽매이지 마세요. 그리고 과정과 결과 모두에 가치를 두세요. 목표 달성만큼이나 그 과정에서의 배움과 성장도 중요합니다.

고통의 시간을 통해 저는 중요한 깨달음을 얻었습니다.

다양한 영역에서의 균형 잡힌 성취를 추구하는 것이 필요하다는 것입니다. 사업적 성공, 관계의 질, 개인적 건강, 정신적 성장 등 여러 영역에서의 균형이 일시적인 성공이 아닌, 진정한 성공을 가져다줍니다. 또한 자신의 가치와 일치하는 목표를 설정하는 것도 중요합니다. 외부의 기대가 아닌, 자신이 진정으로 가치 있게 여기는 것을 추구할 때 더 큰 만족감을 얻을 수 있기 때문입니다.

실패의 경험은 우리에게 삶의 진짜 가치를 가르쳐 줍니다. 그것은 우리를 더 강하게, 더 현명하게, 더 겸손하게 만들어 줍니다. 실패를 통해 진정한 행복과 감사함을 느끼게 되고, 이러한 깨달음은 힘든 시간 속에서도 자신을 사랑할 수 있는 힘을 줍니다. 이런 내적 성장이 없다면, 외적인 성공은 그저 일시적인 것에 불과할 것입니다. 각자 자신만의 고유한 성공 정의를 찾고, 그것을 향해 나아가는 것이 중요합니다.

★

사업은 망해도, 몸은 망가지면 안된다

★

 실패에서 회복하고 다시 도전하기 위해서는 건강한 몸과 마음이 필수적입니다. 제 경험에서, 가장 어두운 시기를 헤쳐 나올 수 있었던 큰 힘은 바로 신체적, 정신적 건강 관리였습니다.

 사업 실패 후 아무것도 하기 싫었고, 잘 먹지도 않았습니다. 하지만 깨달았습니다. "실패를 극복하는 건 누구도 대신해주지 않는다 내가 해야한다. 그러니 내가 건강해야한다." 이 생각이 들면서 멈췄던 운동을 다시 시작했습니다. 처음에는 단순히 스트레스 해소를 위해 시작했지만, 곧 규칙적인 운동이 제 삶에 가져온 변화를 느낄 수 있었습니다. 체력이 좋아지니 집중력이 향상되고, 스트레스에 대한 저항력이 생겼으며, 더 긍정적인 사고방식을 가질 수 있었습니다.

특히 주짓수를 통해 배운 것은 '넘어져도 다시 일어나는 법'이었습니다. 매트 위에서 상대에게 제압당하고 항복할 수밖에 없는 순간들을 겪으며, 내가 살아 있다는 걸 느끼고 다시 내일을 시작할 마음을 만들 수 있었습니다. 이러한 경험은 실패를 받아들이고 하루를 덤덤하게 시작하는 마음가짐을 갖게 해주었습니다.

신체적 건강만큼 중요한 것이 정신적 건강입니다. 저는 하나님께 기도하고 말씀을 읽고, 명상하고, 사람들을 만나고 그리고 매일 감사하는 마음을 가지려고 노력하면서 마음의 평화를 찾았습니다. 하루 10분의 기도와 명상이 제 불안을 크게 줄여주었고, 매일 기록하는 습관이 복잡한 감정을 정리하고 객관적으로 바라볼 수 있게 해주었습니다.

적절한 수면과 영양 섭취도 결코 간과할 수 없습니다. 실패 후 많은 사람들이 술이나 정크 푸드에 의존하게 되는데, 이는 단기적으로는 위로가 될 수 있지만 장기적으로는 회복을 방해합니다. 건강한 식습관과 충분한 수면은 스트레스 관리와 의사결정 능력에 직접적인 영향을 미칩니다.

자기 관리를 위한 작은 습관들—매일 30분 걷기, 충분한 물 마시기, 규칙적인 식사, 디지털 기기로부터의 휴식—이 모여 큰 변화를 만듭니다. 실패에서 회복하는 과정은 결코 쉽지 않지만, 건강한 몸과 마음은 그 여정을 훨씬 수월하게 만들어 줍니다.

　기억해야 합니다. 자신의 가장 중요한 자산은 바로 자기 자신입니다. 새로운 도전을 위한 에너지와 집중력, 창의력은 모두 건강한 육체와 정신에서 비롯됩니다.

★

우리는 혼자서 외롭게 살 수 없다

★

 실패했을 때 나를 응원해주고 도와주는 사람이 있다는 것은 큰 축복입니다. 만약 제가 연속된 실패를 혼자 극복하려 했다면 힘들고 고통스러운 시간을 견디지 못했을 것이며, 주변 사람들의 지지가 없었다면 쉽게 극복할 수 없었을 것입니다.

 제가 가장 어두운 순간에 함께 운동하던 주짓수 도장 관장님의 도움으로 거처를 얻고, 1,000만 원을 빌려 새로운 시작을 할 수 있었습니다. 당시 저는 자신감은 있었지만, 혼자서는 다시 일어설 힘도 자금도 없었습니다. 하지만 그분의 믿음과 지지가 저에게 다시 도전할 용기를 주었습니다. 이런 지지 없이는 다시 일어서기 훨씬 더 어려웠을 것입니다.

실패의 순간, 저는 혼자 숨고 싶은 마음이 컸습니다. 부끄러움, 자책, 그리고 불안한 감정이 저를 사람들로부터 멀어지게 만들었습니다. 하지만 지금 돌이켜보면 그것은 저에게 더 큰 상처를 주었습니다. 가장 어두운 순간일수록 곁에서 손을 잡아주고 함께 울어줄 누군가가 필요했습니다. 실패했다고 해서 혼자 감당하려 하는 것보다 주변의 도움을 구하는 것이 중요합니다. 우리는 모두 누군가의 도움이 필요한 존재입니다.

진정한 인연을 만들기 위해서는 평소에 주변 사람들과 마음을 나누는 시간이 필요합니다. 어려울 때 손을 내밀어 줄 수 있는 사람들과 진심 어린 관계를 쌓는 것이 중요합니다. 그리고 도움이 필요할 때 솔직히 말하는 것이 부끄러울 수 있지만, 도움을 청하는 것은 약함이 아니라 서로에 대한 믿음과 신뢰를 더 깊게 하는 기회입니다. 저는 도움을 받으면 그 사람이 어려울 때 제가 도울 것이고, 제가 잘된다면 그분의 따뜻한 손길 덕분이라고 생각하며, 이런 서로 아끼고 함께 성장하는 소중한 인연을 이어갔습니다. 실패에서 일어나는 고통스러운 과정을 버티게 해준 건 저를 믿어주고 응원해주는 사람들의 따스한 마음이었습니다.

멘토를 찾는 것도 중요합니다. 비슷한 어려움을 겪고 극복한 사람의 조언은 금보다 귀합니다. 또한, 주고받는 관계를 유지하는 것이 필요합니다. 도움을 받는 것만큼 제가 줄 수 있는 것도 찾아보려고 노력했습니다.

실패에서 회복하는 여정은 마라톤과 같습니다. 그 긴 여정에서 우리에게 마실 물과 격려를 건네주는 사람들이 없다면, 완주하기 매우 어려울 것입니다. 저의 경험에서 배운 것은, 혼자서는 한계가 있다는 것입니다. 실패 후 재기 과정에서는 특히 주변의 지지와 협력이 필수적입니다.

★

끝은 모르지만, 작은 시작은 창대하다

★

실패의 깊은 수렁에서 빠져나왔을 때, 우리는 종종 '크게' 시작해야 한다는 압박감을 느낍니다. 잃어버린 것을 빨리 되찾고 싶은 마음, 남들에게 다시 성공했다는 것을 증명하고 싶은 욕구 때문이죠. 하지만 제가 실패 후 배운 가장 귀중한 마인드셋은 "작게 시작하라"입니다.

처음에는 이전처럼 대규모로 시작하고 싶었습니다. 하지만 현실은 냉혹했죠. 자본도, 신용도 없었습니다. 그래서 선택한 전략은 '작게 시작하기'였습니다. 대형 오프라인 매장 대신 소규모 온라인몰로, 대량 생산 대신 소량 생산으로, 많은 직원 대신 1인 기업으로 시작했습니다.

이 마인드셋의 핵심은 "할 수 없는 큰 일을 꿈꾸기보다,

지금 당장 할 수 있는 작은 일부터 시작하자"입니다. 작게 시작하는 것은 결코 야망이 없다는 의미가 아닙니다. 오히려 현실적인 단계를 밟아 결국 더 큰 목표에 도달하겠다는 지혜와 인내의 표현입니다.

예를 들어, 빚을 한 번에 갚으려고 무리하기보다는 매달 조금씩 꾸준히 갚아나가는 계획을 세웠습니다. 대형 사업체를 꿈꾸기보다는 먼저 소규모로 시장 반응을 테스트했습니다. 이런 접근법이 리스크를 최소화하면서도 점진적인 성장을 가능하게 했습니다.

실패 후 마음이 급해질 때가 많습니다. "빨리 회복해야 한다", "남들이 나를 어떻게 볼까" 하는 생각에 비현실적인 계획을 세우게 됩니다. 하지만 작은 시작의 마인드셋은 이런 조급함을 누그러뜨리고, 단계적 성장에 집중하게 해줍니다.

실용적인 측면에서도 작게 시작하는 것은 여러 장점이 있습니다. 초기 비용과 고정 비용을 최소화할 수 있고, 빠른 현금 회전이 가능합니다. 또한 실패하더라도 다시 시도할 기회가 있으며, 시장 상황에 따라 빠르게 방향을 전환할 수 있습니다.

작은 시작의 마인드셋은 "지금 할 수 있는 일에 집중하라"

는 메시지를 담고 있습니다. 거창한 계획보다는 오늘 실행할 수 있는 작은 행동에 초점을 맞추는 것이죠. 이 마인드셋은 제게 실패 후 새로운 길을 찾는 데 큰 도움이 되었습니다.

결국 중요한 것은 시작의 규모가 아니라, 시작 자체입니다. 아무리 작은 첫걸음이라도, 그것이 없다면 어떤 여정도 시작될 수 없습니다. 실패 후에는 자존심을 내려놓고, 처음부터 다시 시작한다는 겸손한 마음가짐이 필요합니다. 그리고 그 작은 시작이 언젠가는 창대한 결말로 이어질 것이라는 희망을 잃지 않는 것이 중요합니다.

★

포기하지 않으면 게임은 끝나지 않는다

★

　마지막으로, 가장 중요한 원칙은 포기하지 않는 것입니다. 이것은 단순한 슬로건이 아니라, 실패 후 다시 일어서는 데 필수적인 마음가짐입니다.

　인생이라는 게임에서 유일하게 확실한 패배는 플레이어가 스스로 게임을 종료할 때입니다. 사람이 어둠 속에 있을 때, 그 고통과 절망이 온 세상을 덮고 있는 것처럼 느껴질 수 있습니다. 저도 그랬습니다. 빚더미에 앉아 매일 밤 '이렇게 살 바에는…'이라는 생각으로 잠들던 시간들이 있었습니다. 하지만 '죽기 전까지는 해보자', '이 게임 내가 끄지 않으면 계속 할 수 있어', '포기하지 말자', '더 힘든 상황에 있는 사람들도 있고 나와 비슷한 사람들도 있어 별거 아냐'라고 속으로 스스로에게 다짐했습니다.

저는 여러 번의 실패를 겪었지만 지금 이렇게 책까지 쓸 수 있는 이유는 단 하나, 게임 오버 버튼을 누르지 않기로 결심했기 때문입니다. 매번 넘어질 때마다 일어나는 것이 더 어려워졌지만, 그럼에도 포기하지 않았습니다. 왜냐하면 포기하는 순간, 모든 가능성이 사라진다는 것을 알았기 때문입니다. 저는 아직 성공했다고 말할 수 없지만, 적어도 게임은 계속되고 있고, 상황은 점점 좋아지고 있습니다.

우리가 실패 속에서 느끼는 좌절감과 무력감은 완전히 정상적인 감정입니다. 이런 감정을 부끄러워할 필요가 없습니다. 누구나 실패의 순간에 그런 감정을 경험합니다. 중요한 것은 그 감정이 게임을 종료하는 버튼을 누르게 하지 않도록, 하루하루를 버텨내는 것입니다.

포기하지 않기 위해서는 때로는 스스로를 가스라이팅하고 세뇌시키는 것이 필요합니다. "나는 할 수 있다", "이건 그저 일시적인 어려움일 뿐이다", "한 번만 더 해보자"라는 말을 매일 아침 거울을 보며 반복하세요. 처음에는 이런 말들이 공허하게 느껴질 수 있지만, 계속 반복하다 보면 점차 스스로를 믿게 됩니다. 저는 매일 아침 "나는 무너지지 않는다"라는 말을 수십 번 되뇌었습니다. 이런 자기 세뇌가 제가 가장 어두운 시간을 버틸 수 있게 해주었습니다.

포기하지 않는다는 것은 무모하게 같은 방식으로 계속 시도한다는 의미가 아닙니다. 마치 게임에서 같은 레벨에 계속 도전하되 전략을 바꾸는 것처럼, 실패에서 배우고, 접근 방식을 조정하며, 필요하다면 목표를 수정하면서도 계속 나아가는 것을 의미합니다. 때로는 세이브 포인트에서 잠시 쉬어가는 것도 필요합니다. 하지만 완전히 게임을 종료하는 것은 모든 진행을 잃는 것과 같습니다.

스스로를 강하게 만들기 위해서는 자신과의 내적 대화를 의식적으로 통제해야 합니다. 부정적인 생각이 들 때마다 그것을 의식적으로 긍정적인 생각으로 바꾸세요. "난 실패자야"라는 생각이 들면, "나는 아직 배우는 중이다"로 바꾸는 것입니다. 이런 자기 대화의 변화가 시간이 지나면서 강인한 정신력을 만들어줍니다.

또한, 실패를 전부라고 생각하지 않는 것이 중요합니다. 실패는 게임 속 캐릭터가 한 스테이지에서 실패한 것일 뿐, 플레이어 자신의 가치와는 별개입니다. 이런 관점은 실패 후에도 자존감을 유지하고 다시 도전할 용기를 줍니다. 우리의 가치는 성공이나 실패로 결정되지 않습니다. 포기하지 말고 하루를 살아가면 실패는 희미해지고 삶의 의미가 가득 차는 새로운 레벨에 도달하는 날이 올 것입니다.

  이 7가지 마인드셋은 제가 실패의 깊은 골짜기에서 다시 일어설 수 있게 해준 생각들입니다. 이것들이 여러분에게도 작은 빛이 되길 바랍니다. 기억하세요, 여러분은 혼자가 아닙니다. 모든 실패는 지나가고, 그 과정에서 우리는 더 강해지고 현명해집니다. 함께 실패를 넘어, 게임의 다음 레벨을 향해 나아갑시다. 포기하지 않는 한, 게임은 계속됩니다.

3부

★

실패를 극복하는 1단계

실패는 누구에게나 찾아옵니다. 하지만 같은 실패를 경험하더라도, 어떤 사람은 그것을 발판 삼아 더 높이 성장하고, 또 어떤 사람은 무너져 다시 일어서지 못합니다. 그 차이는 어디에서 오는 것일까요? 바로 '실패를 대하는 방식'에 있습니다.

코로나 시기에 주식투자로 10억이라는 단위까지 보았던 제가 어느새 빚더미에 앉게 되었습니다. 자살도 생각했을 만큼 극단적인 상황이었죠. 매일 밤 "죽고 싶다… 힘들다…"이라는 생각으로 잠들던 시간들이 있었습니다.

하지만 지금 이렇게 여러분 앞에 서 있습니다. 어떻게 가능했을까요? 그것은 제가 발견한 '실패 극복의 4단계'를 하나씩 밟아 나갔기 때문입니다. 이 여정은 결코 쉽지 않았지만, 각 단계는 실패의 절망에서 일어나는 데 꼭 필요한 과정이었습니다. 이 고통스러운 시간 속에서 배운 지혜를 여러분과 나누고자 합니다.

첫 번째 단계는 '회복', '삶의 이유 찾기', '성공과 실패 재정의' '입니다. 이것은 가장 기본적이면서도 가장 간과되는 단계입니다. 저는 실패 이후 3일 동안 아무것도 하지 않고 앞으로 할 일을 생각했던 그 시간이 제 회복의 시작이었습니다. 만약 그때로 다시 돌아간다면, 저는 더 길게 푹 쉬고, 잘 먹고, 매일 운동하고, 명상하고 기도하는 시간을 가질 것 같습니다.

회복에는 시간이 필요합니다. 우리 사회는 빠른 성공, 빠른 회복을 강조하지만, 진정한 회복은 서두를 수 없습니다. 제 경우에도 진정한 회복을 느끼기까지 1년 이상이 걸렸습니다. 그리고 그 시간 동안 가장 중요했던 것은 몸과 마음의 회복이었습니다.

1단계에서 가장 중요한건 몸과 마음을 회복하면서, 삶의 이유를 재정의하는 것입니다. 왜 다시 일어나야 하는가? 누구를 위해 살 것인가? 무엇을 위해 싸울 것인가? 저에게는 가족과 저를 믿어준 지인들이 있었습니다. 그들의 얼굴을 떠올리며 "그들을 위해서라도 다시 일어서야 한다"는 생각이 저를 지탱해주었습니다.

이 첫 번째 단계를 통과하는 데 어려움을 겪고 계신다면, 제가 여러분과 함께 하겠습니다. 왜냐하면 제가 알기 때문입니다. 첫 단계가 가장 어렵다는 것을, 그리고 누군가의 작은 격려가 얼마나 큰 힘이 될 수 있는지를.

실패의 밤은 길고 어둡지만, 반드시 아침이 옵니다. 저는 그 아침을 보았고, 여러분도 볼 수 있습니다. 함께 이 첫 단계를 시작하고, 다음 단계로 나아갑시다. 여러분 안에는 이미 회복의 씨앗이 심어져 있습니다. 그것을 믿으세요. 그리고 그 씨앗이 자라날 수 있도록 충분한 사랑과 인내로 돌보아 주세요.

실패를 극복하는 여정은 마라톤과 같습니다. 첫 발을 내딛는 것부터가 용기입니다. 여러분은 이미 이 책을 통해 그 첫 발을 내딛고 있습니다. 용기를 내세요. 저는 4단계 끝에서 여러분을 기다리고 있겠습니다.

★

몸과 마음 회복하기

★

죽고 싶던 날, 운동을 시작했다

실패의 고통 속에서 가장 어려운 일 중 하나는 바로 침대에서 나오는 것입니다. 몸은 무겁고, 마음은 더 무겁습니다. 하지만 회복의 첫 단계는 바로 그 무거운 몸을 일으켜 세우는 것에서 시작합니다.

처음에는 간단한 것부터 시작하는 것이 좋습니다. 5분 산책, 10분 스트레칭, 집 앞 한 바퀴 돌기. 작은 움직임이라도 괜찮습니다. 중요한 것은 시작하는 것입니다. 문밖으로 나가기가 얼마나 어려운지 알고 있습니다. 하지만 그 문턱을 넘는 순간, 회복이 시작됩니다.

제 경우, 빚더미에 앉아 절망하던 저를 변화시킨 것은 주짓수였습니다. 처음엔 실패에 대한 강한 스트레스를 잠시 잊기 위해 시작했습니다. 매트 위에서 누군가와 몸을 부딪치며 싸우는 동안, 저는 빚과 실패에 대한 생각을 잠시 잊을 수 있었습니다. 저희 주짓수 도장에는 "주짓수에서 지는 건 없다. 이기거나 배우는 것이다"라는 말이 있습니다. 이 글은 제게 실패는 끝이 아니라 배움의 기회이며, 다시 일어나 새로운 시도를 할 수 있다는 깨달음을 자연스럽게 심어주었습니다.

실패라는 긴 터널을 지나려면 건강한 정신이 필수적입니다. 그리고 건강한 정신은 건강한 육체에서 비롯됩니다. 육체와 정신은 분리할 수 없는 하나의 시스템으로, 몸이 약해지면 마음도 함께 약해집니다. 실패 후의 회복 여정에서 가장 중요한 자산은 자신의 몸과 마음입니다. 그 자산을 지키고 강화하는 것이 바로 운동의 역할입니다.

혼자 하는 운동도 좋지만, 함께하는 운동은 더 큰 힘이 있습니다. 주짓수 도장에서 만난 사람들은 제 사업 실패나 부채를 몰랐습니다. 그들에게 저는 그저 함께 운동하는 동료였고, 그런 순수한 관계 속에서 저는 조금씩 자존감을 회복할 수 있었습니다.

누구나 이러한 경험을 할 수 있습니다. 달리기 모임, 등산 동호회, 요가 클래스, 탁구, 배드민턴, 무엇이든 좋습니다. 중요한 것은 사회적 지위나 부가 아닌, 함께 땀 흘리고 노력하는 과정에서 생기는 진정한 유대감입니다.

운동은 몸의 건강뿐만 아니라 마음의 건강에도 큰 영향을 미칩니다. 운동을 하면 세로토닌, 도파민, 엔도르핀 같은 '행복 호르몬'이 분비되어 우울감이 줄어들고 기분이 좋아집니다. 또한 정기적인 운동은 수면의 질을 개선하고, 집중력을 높이며, 스트레스에 대한 저항력을 키워줍니다.

그리고 또 하나, 어두운 이야기지만 저 역시 실패 이후 매시간 느낀 감정이 있습니다. 바로 우울증과 자살 충동입니다. 여기서 끝내면 편하겠다는 생각이 몸을 지배하곤 했습니다. 하지만 만약 제가 왜 운동에 나오지 않았는지 궁금해하고, 기다려주는 사람이 있다면 작지만 살 이유가 생길 수 있다는 것을 깨달았습니다.

긴 말보다도 실패를 경험한 후에는, 지금 당장 할 수 있는 가장 작은 운동부터 시작하는 것이 중요합니다. 그리고 조금씩 늘려가는 것이 좋습니다. 힘들어도 괜찮습니다. 포기하지만 않으면 됩니다. 몸이 강해질수록, 마음도 함께 강해질 것입니다.

지금이 인생의 가장 어두운 시간일지 모르지만, 그 어둠 속에서도 한 걸음씩 움직이다 보면 어느새 빛이 보이게 됩니다. 그 첫 걸음을 내딛는 용기를 가지는 것이 중요합니다. 우리 모두는 그럴 능력이 있습니다.

잘 먹고, 잘 자는 일이 실패에서 나를 살렸다

실패의 순간, 저는 제 자신이 미웠습니다. 상황도, 세상도 미웠습니다. 그래서 먹고 싶지 않았고, 걱정과 불안으로 잠을 이루지 못했습니다. 하지만 이제 깨달았습니다. 그것이 실패에서 회복하는 데 전혀 도움이 되지 않았다는 것을.

우리 몸은 자동차와 같습니다. 아무리 좋은 자동차라도 기름과 오일이 없으면 움직이지 않습니다. 마찬가지로 우리 몸도 적절한 영양분과 충분한 휴식 없이는 제대로 기능할 수 없습니다. 특히 실패 후 회복 과정에서는 더욱 그렇습니다.

영양 섭취는 생존의 문제를 넘어, 회복의 핵심입니다. 탄수화물, 단백질, 지방, 비타민, 미네랄 – 이 모든 것이 우리 몸과 뇌가 제대로 작동하는 데 필요합니다. 특히 단백질은 근육 유지와 회복에, 오메가-3 지방산은 뇌 기능과 정서 안정에, 복합 탄수화물은 지속적인 에너지 공급에 중요합니다.

돈이 없는 상황은 이해합니다. 하지만 그렇다고 영양가 없는 음식만 섭취하는 것은 바람직하지 않습니다. 영양가 없는 음식으로는 몸도, 마음도 회복될 수 없기 때문입니다. 때로는 염치없더라도 주변에 도움을 요청하는 것이 필요합니다. 가족, 친구, 지인에게 한 끼 식사를 부탁하거나, 교회나 복지 기관, 커뮤니티 센터를 찾아가 도움을 구하는 것도 방법입니다. 때로는 자존심을 내려놓고 살아남는 데 집중해야 할 때가 있습니다.

수면은 또 다른 회복의 핵심입니다. 잠을 자는 동안 우리 몸은 손상된 조직을 복구하고, 뇌는 하루 동안의 정보를 처리합니다. 충분한 수면이 없으면 집중력이 떨어지고, 의사 결정 능력이 저하되며, 감정 조절이 어려워집니다. 실패에서 회복하려면 매일 7-8시간의 양질의 수면이 필요합니다.

불안과 걱정으로 잠들기 어렵다면, 숙면을 위한 환경과 습관을 만드는 것이 중요합니다. 일정한 시간에 자고 일어나고, 침실은 어둡고 조용하게 유지하며, 취침 전 스마트폰이나 TV 사용을 줄이는 것이 도움이 됩니다. 따뜻한 샤워, 가벼운 스트레칭, 명상이나 깊은 호흡과 기도도 수면의 질을 높이는 데 효과적입니다.

실패로 인한 어두운 시간 속에서도 잊지 말아야 할 것이 있습니다. 지금 할 수 있는 가장 중요한 투자는 바로 자신의 몸과 마음에 대한 투자입니다. 충분히 먹고, 충분히 자고, 그리고 조금씩 움직이는 것이 중요합니다. 회복은 그렇게 시작됩니다.

결국 일어나려면 스스로 노력해야 합니다. 그 노력의 기반이 되는 것이 바로 건강한 몸과 마음입니다. 지금은 어둡고 힘들지만, 이 기본적인 자기 관리가 다시 일어서는 첫걸음이 될 것입니다. 한 끼, 한 잠, 한 걸음부터 시작하는 것이 중요합니다.

실패했을 때, 내 마음을 지킨 방법

실패는 몸을 지치게 할 뿐만 아니라 정신을 더 깊이 무너뜨립니다. 그 무게는 생각보다 훨씬 무겁고, 그 고통은 예상보다 오래갑니다. 저 역시 그랬습니다.

저는 사실 교회를 다니지 않았습니다. 신을 믿지도 않았고요. 하지만 제 곁에는 10년 동안 저를 전도하던 형이 있었습니다. 매주 교회에 가자고, 성경 말씀을 전하며 10년을 포기하지 않았던 그 형이 결국 포기하려는 찰나에 제 인생의 가장 큰 위기가 찾아왔습니다. 돈도, 자존감도, 미래도 모두 잃어버린 그때, 그 형이 조용히 손을 내밀었습니다.

"내가 다시 사업할 돈 빌려 줄게. 대신 매일 아침 성경책 3장씩 써서 보내라."

그 제안이 제게는 구원의 손길 같았지만, 솔직히 그때는 그냥 돈이 필요했습니다. 마음에도 없는 성경 구절을 대충 필사해서 보냈습니다. 하지만 아이러니하게도, 그 돈을 받은 후에도 상황은 더욱 나빠졌습니다. 투자는 손실을 복구할 수 없을 만큼 커졌고, 모든 일이 꼬이기 시작했습니다.

정말 바닥을 친 느낌이었습니다. 나가서 술 한잔 할 돈조차 없었고, 매일 불안과 걱정으로 잠 못 이루는 날들이 계속되었습니다. 그 어두운 시간 동안, 할 수 있는 일이 없었습니다. 그제서야 정신을 차리고 다시 관장님께 1,000만 원을 빌려 제가 가장 잘 판매할 수 있는 제품 생산을 시작했습니다. 제품이 생산되어 나오기까지 1달이 넘는 시간을 그저 기다릴 수밖에 없었습니다. 작은 집에서 난방비도 아끼기 위해 이불 덮고 누워있던 그때, 형이 준 성경책이 눈에 들어왔습니다.

뭐라도 붙잡고 싶은 심정으로 펼쳐 읽기 시작했고, 로마서 8장 18절에서 멈췄습니다.

"현재의 고난은 장차 우리에게 나타날 영광과 비교할 수 없도다."

제 생일이 8월 18일이라는 우연한 일치가 마치 신이 저를 위로하기 위해 특별히 전달하는 메시지처럼 느껴졌습니다. 그 순간부터 매일 성경을 읽고 기도하는 시간을 가졌습니다. 그때 사랑이 느껴지는 동시에 제가 잘못한 과거의 선택들을 반성하게 되면서 마음의 평온과 다시 일어날 힘이 생겼습니다.

몸만큼 정신도 중요합니다. 아니, 어쩌면 더 중요할지도 모릅니다. 실패하면 그 스트레스를 감당하기가 엄청 힘들기 때문입니다. 모든 것을 잃고, 빚더미에 앉아, 미래가 보이지 않는 그 상황에서, 마음은 끊임없이 부정적인 생각으로 가득 차게 됩니다. "난 실패자야", "다시는 일어설 수 없어", "이제 끝이야"…

이런 생각들이 사람을 더 깊은 나락으로 끌어내립니다. 그래서 정신을 강화하는 훈련이 필요합니다. 종교를 떠나서 실패의 스트레스가 자신을 무너뜨리지 않도록 방어벽을 만드는 일은 정말 중요하다는 것을 그 골방에서 배웠습니다.

명상 또한 마음의 근육을 키우는 방법입니다. 하루에 단 5분만이라도 조용히 앉아 호흡에 집중하는 시간을 갖는 것이 좋습니다. 처음에는 잡념이 끊임없이 떠오르고 집중하기 어려울 수 있습니다. 괜찮습니다. 그 생각들을 판단하지 않고, 그저 관찰하는 것이 중요합니다. 시간이 지나면서 마음은 점차 고요해짐을 느낄 수 있습니다.

기도와 명상은 가장 힘든 시기부터 지금까지 제게 큰 도움을 주고 있습니다. 종교가 없더라도, 자신보다 더 큰 무언가에게 마음을 열고 대화하는 것은 마음의 짐을 덜어주는 효과가 있습니다. 마치 일기를 쓰듯, 두려움, 걱정, 희망을 솔직하게 털어놓는 것이 도움이 됩니다.

그리고 하루의 마지막을 감사하는 훈련은 가장 어두운

시간에도 빛을 발견하는 연습입니다. 매일 밤, 그날 감사한 세 가지를 적어보는 것이 효과적입니다. 아무리 작은 것이라도 좋습니다. 따뜻한 한 끼 식사, 친절한 말 한마디, 맑은 하늘—이런 작은 것들에 집중하다 보면, 점차 더 많은 감사할 거리가 보이기 시작합니다.

무엇을 선택하든, 매일 작은 시간이라도 정신 건강을 위한 시간을 확보하는 것이 필요합니다. 그것이 회복력을 키우고, 실패의 폭풍 속에서도 중심을 잃지 않게 도와줄 것입니다.

스스로를 사랑할 수 있어야, 다시 일어설 수 있다.

실패가 주는 스트레스는 우리 몸과 마음에 무거운 짐을 지웁니다. 매일 압박감, 불안, 자책감이 밀려와 정상적인 생활을 방해합니다. 이런 스트레스를 효과적으로 관리하지 못하면, 아무리 좋은 계획을 세워도 실천할 에너지가 남아있지 않습니다.

제가 빚더미에 앉아 가장 어려웠던 시기, 스트레스는 저를 완전히 마비시켰습니다. 아침에 일어나는 것조차 힘겨웠고, 미래를 계획하는 것은 상상도 할 수 없었습니다. 그때 깨달은 중요한 사실은 몸과 마음의 회복이 따로 이루어지는 것이 아니라는 점이었습니다. 스스로를 사랑하고 회복하기 위해서는 앞서 설명한 세 가지 방법—규칙적인 운동, 충분한 영양과 수면, 그리고 명상과 기도, 감사 훈련—을 함께 실천하는 통합적 접근이 필요했습니다.

매일 아침 짧은 걷기나 스트레칭으로 시작해 점차 운동량을 늘려가면서, 건강한 식사와 충분한 수면을 챙기는 것이 기본적인 자기 관리의 시작입니다. 저녁에는 취침 전 스마트폰을 멀리하고, 조용히 명상이나 기도로 하루를 마무리했습니다. 이런 신체적 관리와 함께, 정신적 자기 관리도 실천했습니다.

스스로를 사랑하는 방법은 이런 신체적 돌봄 만큼 중요합니다. 매일 거울을 보며 "오늘도 잘 해냈어"라고 말해주거나, 작은 성취에도 스스로를 칭찬하는 습관을 들이세요. 대화를 긍정적으로 바꾸는 것도 중요합니다. "나는 실패자야"라는 생각이 들면 "나는 할 수 있어, 내가 나를 사랑하지 않으면, 응원하지 않으면 누가 돌보겠어!"이렇게 생각해보세요. 그리고 가끔은 자신에게 작은 선물을 주는 것도 도움이 됩니다. 비용이 많이 드는 것이 아니라, 좋아하는 음악

듣기, 공원 산책하기 같은 작은 기쁨으로도 충분합니다. 무엇보다 자신의 실수와 약점을 용서하고 받아들이는 자기 자비의 태도가 진정한 자기 사랑의 시작입니다.

몸과 마음은 분리된 것이 아닙니다. 몸을 움직이면 마음도 움직이고, 마음을 달래면 몸도 편안해집니다. 이 통합적 방법을 함께 실천하면서 저는 점차 자신을 사랑하는 법을 배웠습니다. 실패했다고 해서 내 가치가 떨어지는 것이 아니라는 것, 나는 여전히 사랑받을 자격이 있는 존재라는 것을 깨달았습니다.

실패 후 회복의 여정에서 가장 중요한 것은 자기 자신을 지키는 것입니다. "오늘 나는 나를 소중히 대하겠다"라는 작은 약속부터 시작하세요. 운동하기, 잘 먹기, 충분히 자기, 그리고 마음의 평화를 찾는 시간 갖기—이 모든 것은 스스로에게 건네는 사랑의 표현입니다.

아무리 작은 노력이라도 매일 지속하면 변화가 찾아옵니다. 실패의 어둠 속에서도, 우리는 스스로를 사랑하고 돌볼 수 있습니다. 그리고 그 사랑이 회복의 첫걸음입니다.

★

삶의 이유 찾기

★

실패보다 무서운 건 이유 없이 사는 일이다

실패의 한가운데서 가장 큰 유혹은 포기입니다. 모든 것이 무너진 것 같은 순간에 다시 일어서야 할 이유를 찾기란 너무 어렵습니다. 저 역시 그랬습니다. 빚더미 앞에서, 그리고 연달아 몰려오는 좌절 앞에서 "이제 그만두자"라는 생각이 수도 없이 밀려왔습니다.

하지만 결국 우리가 실패의 늪에서 빠져나올 수 있는 유일한 방법은 포기하지 않는 것입니다. 그렇다면 어떻게 이 포기하고 싶은 마음을 이겨낼 수 있을까요? 비결은 바로 '자신만의 이유'를 찾는 것입니다.

의사들이 종종 놀라워하는 사실이 있습니다. 왜 어떤 암 환자들은 의학적 예측을 뛰어넘어 생존하는가? 그 비밀은 대부분 그들의 '삶의 이유'에 있습니다. 한 말기 암 환자는 의사에게 이렇게 말했습니다. "제 딸의 대학 졸업식까지만 살게 해주세요." 그리고 그는 모든 예상을 깨고 그 졸업식에 참석했습니다. 또 다른 환자는 "마지막으로 가족과 함께 여행을 가고 싶어요"라는 소망을 가슴에 품고, 고통스러운 항암치료를 견뎌냈습니다.

이런 강력한 이유는 우리의 생존 본능을 깨우고, 견딜 수 없는 고통도 견디게 만듭니다. 실패의 고통 역시 마찬가지입니다. 충분히 강한 이유가 있다면, 우리는 믿을 수 없는 역경도 이겨낼 수 있습니다.

포기하지 않을 이유는 누구도 대신 만들어줄 수 없습니다. 다른 사람의 이유, 책에서 본 이유, 영상에서 들은 이유들은 진정한 힘을 발휘하지 못합니다. 각자 가슴 깊이 울리는 자신만의 이유가 필요합니다.

제가 찾은 이유는 간단했습니다. "제가 포기하면, 저로 인해 상처받은 사람들에게 영원히 미안함을 갚을 수 없다." 그리고 "이 실패가 제 인생의 마지막 장면이 되게 할 수는 없다." 이 두 문장이 제가 가장 어두운 순간에도 한 걸음 더 나아갈 수 있게 해주었습니다.

한 심장 전문의가 심장마비 후 생존율에 관한 연구에서 발견한 사실이 있습니다. 누군가를 돌봐야 하는 책임감이 있는 환자들의 생존율이 그렇지 않은 환자들보다 현저히 높았다는 것입니다. "저는 돌봐야 할 세 아이가 있어요"라는 생각이 생명의 끈을 더 강하게 붙잡게 한 것이죠.

여러분의 이유는 무엇인가요? 우리가 왜 살아가는지, 왜 다시 일어나야 하는지 그 이유를 찾는 것은 회복의 여정에서 가장 중요한 연료가 됩니다.

사람은 '어떻게'보다 '왜'가 명확할 때 더 큰 힘을 발휘합니다. 방법은 찾을 수 있지만, 이유는 스스로 만들어야 합니다. 여러분만의 강력한 '왜'를 찾으세요. 그것이 실패의 어둠 속에서 빛나는 등불이 될 것입니다.

삶의 이유를 찾는 질문 '왜(Why)'

실패의 깊은 어둠 속에서 우리에게 가장 필요한 것은 '삶의 이유'입니다. 그 방향을 제시해주는 것이 바로 각자만의 '왜(Why)'입니다. 하지만 이것을 찾는 과정이 결코 쉽지 않다는 것을 저도 잘 알고 있습니다. 때로는 그저 이불 속에

숨어 세상과 단절하고 싶은 날들이 계속될 수 있습니다.

저는 삶의 의미를 찾기 위해 여러 사람들의 이야기에 귀 기울여 보았습니다. 특히 극한의 상황에서도 삶의 의미를 놓지 않는 분들에게서 많은 배움을 얻었습니다. 암 투병을 하면서도 매일을 의미 있게 살아가는 분들의 이야기는 제게 큰 울림을 주었습니다. 치료 과정의 고통과 불확실성 속에서도 끝까지 버티는 이들 중 많은 분들은 자신만의 이유가 있었습니다. 자녀의 졸업식을 보고 싶어서, 아직 세상에 보여주고 싶은 것이 있어서, 사랑하는 이들과 더 많은 시간을 보내고 싶어서. 이런 '왜'가 그들을 지탱했습니다.

저에게도 좌절의 순간마다 떠오른 어머니의 얼굴이 있었습니다. 어머니는 제가 인생의 어려움을 이겨내고 행복하게 살아가는 모습을 보고 싶어하셨습니다. 그 소망을 이루어드리고 싶었습니다. 이런 생각들이 제가 가장 어두운 시간을 통과하는 데 도움이 되었습니다.

제가 실제로 실패를 극복하면서 실천한 '왜'를 찾는 방법들을 소개해 드리겠습니다:

1. 자신의 핵심 가치 찾기 자신에게 정말 중요한 것이 무엇인지 천천히 생각해보세요. 자유, 성취, 관계, 기여와 같은 가치들이 '왜'의 씨앗이 될 수 있습니다.

2. 인생의 타임라인 그리기 종이에 지금부터 남은 생애까지의 시간을 선으로 그려보세요. 지금 이 순간이 전체 인생에서 어디쯤 위치하는지, 그리고 앞으로 얼마나 많은 가능성이 남아있는지 시각화하면 새로운 관점이 생길 수 있습니다.

3. 미래의 자신 상상하기 5년, 10년 후의 자신을 상상해보세요. 지금의 실패가 미래에는 어떤 의미를 가질지 생각해봅니다. 그때의 나는 이 경험을 통해 무엇을 배웠다고 말할까?

4. 나를 필요로 하는 사람들 떠올리기 우리는 생각보다 많은 사람들과 연결되어 있습니다. 내가 포기한다면 상처받을 사람들, 내가 있어야 더 행복할 사람들을 떠올려보세요. 가족, 친구, 반려동물, 심지어 미래에 만날 사람들을 위해 버티는 것도 큰 힘이 됩니다.

5. 성장 스토리 찾기 심각한 실패나 역경 후에 다시 일어선 사람들의 이야기를 찾아보세요. 대부분의 성공 스토리는 실패와 회복의 과정을 포함합니다. 이런 이야기들은 회복의 가능성을 보여줍니다.

6. 인생의 시즌 이해하기 인생에는 봄, 여름, 가을, 겨울과 같은

다양한 시즌이 있습니다. 지금은 추운 겨울 같은 시기일 수 있지만, 모든 겨울 뒤에는 반드시 봄이 찾아옵니다. 이것은 낭만적인 표현이 아니라 자연의 법칙입니다.

솔직히 말씀드리면, 이런 방법들을 시도해도 이유를 찾기 힘든 날들이 있습니다. 너무 지쳐서, 너무 아파서 아무런 이유도 떠오르지 않던 날들도 있었습니다. 그런 날에는 그저 하루를 버티는 것만으로도 충분합니다. "오늘만 살아내자"라는 작은 다짐이 전부였고, 그것도 괜찮았습니다.

'왜'는 단순한 생존 이상의 의미가 있을 수 있지만, 때로는 '그냥 살아남기 위해서'라는 이유도 충분히 강력합니다. 특히 실패의 한가운데 있을 때는 더욱 그렇습니다.

어두운 시간을 지나고 있다면, 억지로 큰 이유를 찾으려 애쓰지 않아도 괜찮습니다. 작은 이유들로 하루하루를 살아나가다 보면, 언젠가 더 큰 '왜'가 자연스럽게 찾아올 것입니다. 그때까지는 그저 한 걸음씩, 자신의 속도로 나아가는 것으로 충분합니다.

인생은 충분히 길다.

실패의 순간, 우리는 종종 시간의 감각을 잃습니다. 그 고통이 너무나 강렬해서 마치 영원히 계속될 것처럼 느껴집니다. 하지만 인생은 생각보다 훨씬 깁니다. 현재의 실패는 우리 인생이라는 긴 여정에서 한 장(章)에 불과합니다.

저는 사업이 무너지고 모든 것을 잃었을 때, 마치 인생이 끝난 것 같았습니다. "이제 다시 시작하는 것이 가능할까?"라는 의문이 끊임없이 들었습니다. 매일 아침 눈을 뜨는 것조차 고통스러웠고, 미래는 캄캄한 터널처럼 느껴졌습니다. 이런 감정은 나이와 상관없이 찾아올 수 있는, 실패가 주는 깊은 절망감입니다.

하지만 가장 어두운 터널도 끝이 있다는 것을 서서히 깨닫게 되었습니다. 시간이 흐르면서 저는 인생이 한 번의 실패로 정의되지 않는다는 것을 배웠습니다. 우리에게는 많은 '다시 시작할 기회'가 주어집니다. 실패 후의 재출발은 처음부터 시작하는 것이 아닙니다. 우리는 이전의 경험과 교훈, 관계와 기술을 가지고 새롭게 시작합니다. 오히려 그 경험이 더 단단한 기반이 되어 다음 여정을 지탱해줍니다.

유명한 작가 J.K. 롤링은 이혼, 빈곤, 우울증을 겪은 후 단칸방에서 아이를 키우며 '해리 포터'를 썼습니다. 월트 디즈니는 파산을 경험했고, 스티브 잡스는 자신이 창업한 회사에서 쫓겨났습니다. 이들의 이야기가 특별한 것은 그들이 천재여서가 아니라, 그저 포기하지 않고 계속 나아갔기 때문입니다.

저의 멘토는 제게 이런 말을 해주었습니다.

"인생은 여러 챕터로 이루어진 책과 같아. 지금 힘든 챕터를 지나고 있을 뿐이야. 다음 챕터는 어떤 내용이 될지 아직 아무도 모르지."

이 단순한 비유가 큰 위로가 되었습니다. 실패가 내 인생의 마지막 페이지가 아니라, 그저 한 챕터의 일부라는 것을 받아들일 수 있었기 때문입니다.

인생의 길이를 수치로 계산하는 것보다 중요한 것은, 우리에게 아직 많은 페이지가 남아있다는 희망을 느끼는 것입니다. 오늘은 힘들지만, 내일은 조금 나아질 수 있고, 내년에는 지금과는 완전히 다른 상황에 있을 수도 있습니다.

실패의 아픔은 당장은 견디기 힘들 수 있습니다. 그 고통을 부정하거나 서두르지 않아도 됩니다. 아픈 만큼 충분히 슬퍼하고, 분노하고, 좌절해도 괜찮습니다. 하지만 언젠가는 그 감정들이 조금씩 옅어지고, 앞으로 나아갈 힘이 생길 것입니다.

마라톤 같은 인생에서 중간에 넘어지고, 다치고, 숨이 턱까지 차오를 때도 있습니다. 그때는 잠시 걸음을 멈추고 쉬어가도 괜찮습니다. 중요한 것은 완전히 포기하지 않고, 언젠가 다시 한 걸음을 내딛는 것입니다. 그리고 그 한 걸음이 언젠가 우리를 예상치 못한 기회와 만남으로 이끌 수 있습니다. 때로는 실패가 우리를 더 적합한 길로 인도하는 전환점이 되기도 합니다. 오늘의 고통스러운 실패가 내일의 더 큰 성장과 성취, 더 깊은 관계와 자기 이해로 이어질 수 있다는 희망을 품는 것이 중요합니다.

미래의 자신에게 약속하기

실패의 한가운데 있는 지금, 미래의 자신을 떠올리는 것은 어려울 수 있습니다. 또 미래 약속이 너무 유치하다고 생각할 수도 있지만, 이 과정이 저에게는 큰 이정표가 되어, 극복하는 과정에서 흔들리지 않는 튼튼한 밑거름을 만드는 중요한 시간이었습니다.

지금의 고통 속에서도, 꼭! 미래의 내가 어떤 모습이기를 바라는지 생각해보세요. 그리고 그 미래의 자신에게 편지를 써보세요. "5년 후의 나에게"라는 제목으로 시작해도 좋습니다. 당신이 지금 이 어려움을 어떻게 이겨나갈 것인지, 어떤 사람이 되고 싶은지, 지금의 실패가 어떤 의미를 가질 것인지 솔직하게 적어보세요.

이 약속은 단순한 글자가 아닙니다. 이것은 당신과 미래의 자신 사이의 소중한 약속입니다. 이 약속을 적어 항상 볼 수 있는 곳에 두세요. 가장 어두운 순간에, 이 약속은 당신에게 방향과 목적을 다시 생각나게 해줄 것입니다.

내가 가장 절망적이었던 시기에 쓴 약속은 간단했습니다.

"이 아픔이 헛되지 않게 하겠다. 이 실패에서 배우고, 반드시 다시 일어서서, 언젠가 같은 고통을 겪는 이들에게 희망이 되겠다."

이 약속은 내가 포기하고 싶을 때마다 다시 일어설 이유를 주었습니다.

저는 더 구체적인 약속도 했습니다. "3년 뒤에 내가 빚도 다 갚고 안정적으로 돈을 벌면서, 이제는 일만 하는 게 아니라 가족들과 함께 시간도 많이 보내면서, 사랑하는 여자와 결혼도 하고, 아이들 가지고 행복한 가정을 만들겠다"고 약속했습니다. 또한 "여동생 가족과 우리 가족, 지인들과 함께 돈과 삶의 행복의 균형을 맞추면서 살겠다"고 다짐했습니다. 그리고 가장 중요한 약속으로 "항상 높은 곳이 아닌 낮은 자리에서 그들과 함께하고 그들에게 사랑을 나눌 수 있는 사람이 될 것"이라고 스스로에게 약속하고 기도했습니다.

이런 약속이 유치하게 들릴 수도 있지만, 인생이 충분히 길다는 것을 기억하세요. 지금의 실패는 당신의 인생 전체를 정의하지 않습니다. 앞으로 펼쳐질 새로운 챕터에서 당신은 지금 상상하는 그 모습에 한 걸음씩 다가갈 수 있습니다.

미래의 자신에게 약속을 하는 과정은 현재의 혼란 속에서 길을 찾는 여정입니다. 당신이 지금 겪고 있는 실패와 좌절이 언젠가는 의미 있는 경험으로 바뀔 것이라는 믿음을 심어줍니다. 이 약속은 또한 당신에게 책임감을 줍니다. 미래의 자신에게 한 약속을 지키기 위해, 오늘 당신은 어떤 작은 행동이라도 취해야 한다는 책임감 말입니다.

약속을 쓸 때는 구체적이고 진실된 내용으로 채워보세요. 이룰 수 있는 것이어야 하지만, 동시에 당신을 성장시킬 만큼 도전적인 내용이어야 합니다. 그리고 이 약속을 자주 읽고 되새기세요. 시간이 지나면서 당신의 상황과 생각이 바뀔 수 있습니다. 그에 따라 약속의 자세한 내용을 바꿔도 괜찮습니다. 중요한 것은 약속의 본질—더 나은 자신이 되겠다는 의지—을 지키는 것입니다.

미래의 자신에게 하는 약속은 당신의 현재 행동에 책임감을 주고, 어두운 터널의 끝에 있는 빛을 상상할 수 있게 해줍니다. 가장 중요한 것은, 그 약속이 당신의 진심에서 우러나온 것이어야 한다는 점입니다. 지금 바로 행복하고 건강할 미래의 나 자신에게 약속해보세요. 그 약속이 현실로 이루어 지게 될 것입니다.

★

성공과 실패 재정의 하기

★

성공과 실패는 내 안에 있다

실패에서 회복하는 시간은 생각보다 오래 걸립니다. 마치 달리기 전 준비운동과 같은 이 과정을 서두르면 더 큰 부상을 입을 수 있습니다. 몸과 마음에 충분한 여유를 주는 것이 중요합니다.

우리는 어릴 때부터 타인이 정의한 성공과 실패의 개념 속에서 살아왔습니다. 좋은 대학, 안정적인 직장, 높은 연봉, 결혼과 가정… 이런 틀이 정말 당신의 행복을 정의하는 유일한 기준일까요? 세상은 나를 '실패자'라고 불렀지만, 그 과정에서 나는 진정한 자유와 행복이 무엇인지 깨달았습니다.

실패와 성공은 결국 정의되지 않은 단어일 뿐입니다. 그 정의는 당신이 하는 것입니다. 타인의 기준으로 자신을 판단하면, 당신은 영원히 남의 삶을 살게 됩니다. 반면, 스스로의 기준을 세우면 당신만의 여정을 시작할 수 있습니다.

당신에게 성공이란 무엇인가요? 물질적 풍요일까요, 아니면 마음의 평화일까요? 사회적 인정일까요, 아니면 자유로운 시간일까요? 가족과의 행복한 순간일까요, 아니면 자신의 열정을 추구하는 것일까요?

마찬가지로, 실패란 무엇인가요? 경제적 손실? 주변의 시선? 아니면 자신의 가치를 배신하는 것? 당신이 두려워하는 실패의 본질은 무엇인가요?

기억하세요. 실패와 성공 모두 정의되지 않은 단어일 뿐입니다. 그 정의는 당신이 하는 것입니다. 그리고 그 정의가 당신의 회복과 성장의 방향을 결정할 것입니다. 지금 이 순간, 당신만의 성공과 실패를 정의해보세요. 그리고 앞으로 당신만의 성공과 실패를 수정하고 발전시켜 보세요.

나라는 사람 정의하기

실패의 재정의를 시작하기 전에, 가장 먼저 해야 할 일이 있습니다. 바로 '나'라는 사람을 정의하는 것입니다. 이게 왜 중요할까요? 성공과 실패는 결국 내가 누구인지에 따라 완전히 다른 의미를 가지기 때문입니다.

성공도 실패도 '나'라는 사람보다 앞에 있을 수 없습니다. 결국 성공과 실패를 정의하는 건 타인도, 사회도 아닌 바로 나 자신이니까요. 누군가에게는 10억이 성공의 기준일 수 있고, 또 다른 누군가에게는 가족과 함께 여행하는 것이 인생 최고의 성공일 수 있습니다. 그만큼 우리 각자의 기준은 모두 다릅니다.

제가 실패 후 다시 일어서는 과정에서 깨달은 가장 중요한 교훈 중 하나는, 나 자신을 제대로 알지 못한 채 시작했던 도전들이 결국 가장 큰 혼란을 가져왔다는 점이었습니다. 남들이 좋다고 하는 사업, 남들이 부러워하는 삶을 쫓다 보니 진짜 내가 원하는 것과 괴리가 생겼고, 그 간극이 실패의 씨앗이 되었던 것 같습니다.

그래서 나를 정의하는 작업은 실패에서 일어나는 과정의 첫 단추라고 할 수 있습니다. 이 책에서는 특히 사회적인 측면, 즉 돈, 일, 직업, 지위 등과 관련해 나를 정의하는 데 초점을 맞추겠습니다.

나 자신에게 질문하기

자신을 정의하는 첫 번째 방법은 스스로에게 질문을 던지는 것입니다. 저 역시 이 방법으로 많은 깨달음을 얻었습니다. 여기 시작할 수 있는 10가지 질문을 준비했습니다:

1. 돈이 충분하다면, 나는 무슨 일을 하고 싶은가?
2. 일을 할 때 어떤 환경에서 가장 편안함을 느끼는가? (혼자? 팀으로? 실내? 실외?)
3. 내가 가장 자랑스럽게 생각하는 나의 강점은 무엇인가?
4. 스트레스를 받을 때 나는 어떻게 대처하는가?
5. 나는 어떤 종류의 인정과 보상에 가장 큰 만족감을 느끼는가?
6. 돈을 벌기 위해 포기할 수 있는 것과 절대 포기할 수 없는 것은 무엇인가?
7. 나는 리더가 되는 것을 원하는가, 아니면 팀원으로 일하는 것이 편한가?
8. 내가 무언가를 배울 때 가장 효과적인 방법은 무엇인가?

9. 5년 후, 10년 후의 내 모습을 상상한다면 어떤 모습인가?
10. 내 인생에서 가장 큰 성취감을 느꼈던 순간은 언제였는가?

이 질문들의 답변을 적어보세요. 솔직하게 답하는 것이 중요합니다. 답변을 적으면서 느끼는 감정에도 주목해보세요. 어떤 질문에 답할 때 흥분되거나 기쁨을 느끼나요? 어떤 질문은 불편함이나 저항감을 주나요? 이런 감정들도 나를 이해하는 중요한 단서가 됩니다.

주변 사람들에게 피드백 받기

두 번째 방법은 나를 잘 아는 사람들에게 피드백을 받는 것입니다. 우리는 종종 스스로를 객관적으로 보기 어렵습니다. 자신의 강점을 과소평가하거나 약점을 과대평가하기도 합니다. 주변 사람들의 시선은 나를 새롭게 볼 수 있는 거울이 될 수 있습니다. 여기 주변 사람들에게 물어볼 수 있는 10가지 질문이 있습니다:

1. 내가 가장 행복해 보일 때는 어떤 일을 하고 있을 때인가?
2. 내 성격 중 가장 두드러진 특징은 무엇이라고 생각하는가?
3. 내가 특별히 재능이 있거나 잘한다고 생각하는 분야는 무엇인가?
4. 나에게 어떤 종류의 일이나 프로젝트가 잘 어울릴 것 같은가?
5. 내가 어려움에 처했을 때 보통 어떻게 대처한다고 생각하는가?
6. 나의 어떤 면이 가장 신뢰감을 주는가?
7. 내가 개선했으면 하는 부분이 있다면 무엇인가?
8. 나는 어떤 상황에서 가장 열정적으로 보이는가?
9. 내가 가진 독특한 관점이나 시각은 무엇이라고 생각하는가?
10. 만약 내가 사업을 시작한다면, 어떤 분야가 어울릴 것 같은가?

이런 질문들을 가족, 친구, 동료, 멘토 등 다양한 관계의 사람들에게 물어보세요. 한 사람의 의견보다는 여러 사람의 의견을 종합하는 것이 더 균형 잡힌 시각을 얻는 데 도움이 됩니다.

현실적인 나의 정의 만들기

이제 스스로에 대한 답변과 타인의 피드백을 모았다면, 이를 바탕으로 '나'라는 사람을 정의할 차례입니다. 이 과정에서 중요한 것은 이상과 현실 사이의 균형을 찾는 것입니다.

제 경우, 이 과정을 통해 깨달은 점은 제가 생각했던 것보다 독립적인 환경에서 일하는 것을 더 선호한다는 것이었습니다. 또한 큰 조직의 안정성보다는 작지만 영향력 있는 일을 하는 것에 더 큰 만족감을 느낀다는 사실도 알게 되었습니다. 이런 깨달음은 제가 다시 일어설 때 어떤 방향으로 나아갈지 결정하는 데 큰 도움이 되었습니다.

여러분도 자신의 답변과 피드백을 종합해서 몇 가지 핵

심적인 문장으로 정리해보세요:

- "나는 ……….한 환경에서 일할 때 가장 큰 성취감을 느낀다."
- "나의 가장 큰 강점은 ……….이다."
- "나는 ……….한 가치를 추구하는 사람이다."
- "나에게 성공이란 ……….을 의미한다."

이런 문장들이 모여 '나'라는 사람의 정의를 만들어갑니다. 그리고 이 정의는 앞으로 성공과 실패를 바라보는 렌즈가 될 것입니다.

나를 정의하는 것은 한 번으로 끝나는 작업이 아닙니다. 우리는 경험을 통해 계속 성장하고 변화합니다. 때때로 이 질문들을 다시 검토하고, 나의 정의를 업데이트하는 것이 중요합니다. 특히 큰 실패를 경험한 후에는 더욱 그렇습니다.

나를 제대로 아는 것이 실패에서 다시 일어서는 과정에서 단단하게 성장 할 수 있습니다. 이 단계를 건너뛰고 바로 해결책을 찾으려 하면, 같은 실패를 반복할 가능성이 높아집니다. 자신을 알고, 진정으로 원하는 것이 무엇인지 이해할 때, 비로소 의미 있는 성공과 실패의 정의를 내릴 수 있습니다.

자신만의 성공 정의하기

성공을 정의하는 일은 정말 중요합니다. 왜냐하면 성공의 기준은 모두에게 다를 수 있기 때문입니다. 누군가는 유명한 사업가를 보면서 "저 사람은 성공했네"라고 생각합니다. 그 사람의 기준에는 돈과 명예를 모두 가진 사업가가 성공의 정의입니다. 또 누군가는 육체적인 어려움을 극복하고 감사하며 행복한 삶을 살아가는 평범한 이웃을 보며 "참 인생 성공했다"라고 표현할 수도 있습니다.

어떤 관점, 어떤 상황이냐에 따라 성공의 기준은 달라집니다. 앞으로 실패학 2단계, 3단계, 그리고 4단계를 거치며 내적 성공과 외적 성공, 그리고 가치와 과정의 성공을 깊이 정의하는 시간을 가질 것입니다. 하지만 지금은 아주 가볍게 "저 멀리 산이 있는데, 저기 한번 올라가 볼까?" 하는 마음으로 나의 성공을 정의해보는 시간입니다.

제가 한때 바라본 성공은 '통장에 30억이 현금으로 있는 사람'이었습니다. 그것이 사회가 인정하는 성공이라고 믿었거든요. 그래서 주식투자로 10억 단위를 봤을 때는 그저 '더 많이'를 향해 달렸습니다. 하지만 모든 것을 잃고 다시 시작하는 과정에서, 저는 다른 형태의 성공도 깨달았습니다. 매일 아침 감사함을 느끼며 일어나는 것, 내가 하는 일에 의미를 찾는 것, 그리고 좋아하는 사람들과 진심으로 웃으며 시간을 보내는 것.

실패의 깊은 골짜기에서 올려다본 성공의 모습은 이전과 달랐습니다. 그곳에서 보니 진정한 성공이란 숫자로 측정되는 것이 아니라, 내 삶의 만족도와 주변 사람들과의 관계의 깊이에 있다는 것을 깨달았습니다. 물론 경제적 안정은 여전히 중요합니다. 하지만 그것만이 전부는 아니라는 사실을 몸소 배웠습니다.

물질적 성공이 아니어도 좋습니다. "돈 적당히 좋아! 대신 난 가족들과 시간을 많이 보내겠어. 이게 행복한 성공이야." 이렇게 자신만의 가벼운 성공을 정해보세요. 혹은 "매일 조금씩 성장하는 나를 발견하는 것, 그게 내겐 성공이야." 또는 "내가 좋아하는 일을 하면서 생계를 유지할 수 있다면, 그것으로 충분해."

성공의 정의를 찾는 과정은 마치 정원 가꾸기와 같습니

다. 처음에는 화려한 꽃만 심고 싶을 수 있지만, 시간이 지나면서 그늘을 만들어주는 나무, 향기를 더해주는 허브, 계절마다 다른 모습을 보여주는 다양한 식물들이 어우러져야 진정한 아름다움이 만들어진다는 것을 알게 됩니다. 나의 성공도 마찬가지입니다. 처음에는 단순히 돈이나 명예와 같은 한 가지 측면만 보았지만, 점차 다양한 요소들이 균형을 이룰 때 진정한 성공이 완성된다는 것을 깨닫게 됩니다.

중요한 것은 이 성공의 정의가 다른 사람이 아닌, 바로 당신의 것이어야 한다는 점입니다. 남의 기준으로 성공을 정의하면, 만족하지 못하고 번아웃이 올 수 있습니다. 그렇게 되면 결국 실패했을 때 더 큰 상처를 입게 됩니다. 하지만 자신의 진정한 가치와 열망에 맞는 성공을 정의한다면, 그 여정 자체가 기쁨과 의미로 가득할 것입니다.

저는 지금 '성공'이라는 단어를 다시 써내려가고 있습니다. 그것은 더 이상 단순히 '얼마나 많이'가 아니라, '얼마나 의미 있게'에 관한 것입니다. 저의 새로운 성공 정의에는 경제적 안정, 의미 있는 일, 소중한 관계, 개인적 성장, 그리고 무엇보다 마음의 평화가 포함되어 있습니다.

당신은 오늘, 자신만의 성공을 어떻게 정의하고 싶나요?

그 정의가 당신의 회복 여정에 어떤 변화를 가져올지 생각해보세요. 무엇이 되었든, 그것이 진정으로 당신 자신의 것이라면, 그것이 바로 당신에게 맞는 가장 아름다운 성공의 모습일 것입니다.

자신만의 실패 정의하기

실패의 정의도 성공만큼이나 개인적이고 주관적입니다. 사회는 흔히 실패를 금전적 손실, 사업 중단 등으로 이야기합니다. 하지만 이런 외적 기준만으로 실패를 정의한다면, 우리는 끊임없이 외부 평가에 휘둘리게 됩니다.

진정한 실패란 무엇일까요? 저에게는 두려움 때문에 도전하지 않는 것입니다. 실수에서 배우지 못하고 같은 오류를 반복하는 것입니다. 그리고 무엇보다, 포기해버리는 것입니다. 빚을 갚다가 중간에 포기하는 것, 다시 일어서려다 너무 어려워서 그만두는 것, 이런 것들이 진짜 실패라고 생각합니다.

에디슨이 1,000번 이상의 시도를 했을 때, 그는 "나는 실패하지 않았다. 단지 작동하지 않는 1,000가지 방법을 발견했을 뿐이다"라고 말했습니다. 저도 실패의 늪에서 새롭게 정의한 실패는 '멈추는 것', '포기하는 것'이었습니다. 어쩌면 정신 승리일 수 있지만, 죽을 때까지 포기하지 않으면 그것은 실패가 아니라고 생각했습니다.

실패를 결과가 아닌 과정으로 인식하면, 그것은 더 이상 저에게 두려움의 대상이 아니라 성장의 도구이자 극복의 대상이 됩니다. "실패는 온 적이 없다. 그것은 패배가 아니라 더 나은 버전의 자신을 만들기 위한 필수적인 단계다!"라고 생각하면서 저 자신을 지키며 동기부여와 자신감을 선물했습니다.

그렇다고 이 과정이 쉬웠던 것은 아닙니다. 매일 아침 일어나면 빚 독촉 전화가 오고, 지인들의 시선을 의식해야 했고, 당장 생활비도 부족했습니다. 하지만 그런 상황에서도 그것을 '실패'로 정의하지 않고, '극복해야 할 상황'으로 바라보는 관점의 전환이 저를 지탱해주었습니다.

당신에게 진정한 실패란 무엇인가요? 그것이 무엇이든, 기억하세요. 실패와 성공 모두 정의되지 않은 단어일 뿐입니다. 그 정의는 당신이 하는 것입니다. 그리고 그 정의가 당신의 회복과 성장의 방향을 결정할 것입니다.

물론 알고 있습니다. 이렇게 생각한다고 당장 상황이 좋아지고, 빚이 없어지고, 원하는 집과 차, 연인이나 가족과 여유로운 시간을 보낼 수 없다는 걸 누구보다 정말 잘 알고 있습니다. 저도 그 길을 걸었으니까요. 매달 200만 원 넘게 빚을 갚으며 살다 보니 통장에는 항상 50만 원이 남지 않았습니다. 하지만 그게 실패라 생각하고 무너지는 것보다, 저는 실패를 인정하고 일어나거나, "실패는 없다, 내가 아직 포기하지 않았기 때문이다"라고 생각하며 자신을 지켰습니다.

오늘부터 "실패"라는 단어를 당신의 어휘에서 지워보시는 건 어떨까요? 대신 "배움", "교훈", "성장의 기회"라고 부르세요. 이런 관점의 전환이 실패에 대한 두려움을 줄이고, 더 담대하게 도전할 수 있는 용기를 줄 것입니다.

인생을 길게 보고, 실패와 빚을 두렵고 이길 수 없는 대상이라 생각하지 않고, "걱정마, 다 갚을 거야", "걱정마, 과정이야, 가게에 고객을 가득 차게 할 거야"라고 상황과 실패를 재정의해보세요. 판을 바꿔봅시다. 어쩌겠습니까. 이대로 죽을 순 없잖아요.

실패가 주는 압박과 성공이 주는 막연함을 치우고, 마치 달리기 전 "오늘 컨디션 최고인데?" 하는 그런 가벼운 기분으로 자신만의 실패와 성공을 정의해보세요. 이렇게 정의한 개념들은 앞으로의 여정에서 당신을 이끄는 나침반이 될 것입니다.

결국 우리가 무엇을 실패라고 부르든, 그것은 우리 자신의 선택입니다. 그리고 그 선택이 우리의 회복력과 회복 속도에 영향을 미칩니다. 저는 실패를 '포기하는 순간'으로 재정의함으로써, 제가 아직 실패하지 않았다는 사실을 매일 확인할 수 있었습니다. 그리고 그것이 제게 매일 다시 일어설 이유를 주었습니다.

1단계 마무리

우리는 지금까지 실패학의 첫 단계, '기초 다지기'를 함께 걸어왔습니다. 마치 건물의 기초를 튼튼하게 세우듯, 실패 후 다시 일어서기 위한 단단한 바탕을 마련하는 시간이었습니다.

★ 몸과 마음의 회복

무너진 몸과 마음을 다시 세우는 것이 첫 번째 과제였습니다. 주짓수 도장에서 땀을 흘리며 자존감을 회복하고, 성경을 필사하며 정신적 평화를 찾아갔던 제 경험을 나누었습니다. 운동, 충분한 수면과 영양 섭취, 명상과 기도, 그리고 효과적인 스트레스 관리 기법까지—모든 것은 우리 자신을 다시 일으켜 세우기 위한 토대였습니다.

무너진 상태에서는 아무리 좋은 전략도, 아무리 훌륭한 계획도 효과를 발휘할 수 없기 때문입니다. 우리는 기계가 아닌 사람입니다. 몸과 마음이 모두 회복되어야 비로소 다음 단계로 나아갈 수 있습니다.

★ 삶의 이유 찾기

다시 일어서야 하는 강력한 '왜(Why)'를 찾아가는 여정이었습니다. 포기하지 않아야 하는 이유를 찾고, 자신만의 강한 '왜'를 정의하며, 인생은 생각보다 길다는 장기적 관점을 유지하는 법을 배웠습니다. 그리고 미래의 자신에게 약속하는 과정을 통해 내면의 나침반을 만들었습니다.

> "이 실패가 제 인생의 마지막 장면이 되게 할 수는 없다", "제가 포기하면, 저로 인해 상처받은 사람들에게 영원히 미안함을 갚을 수 없다"

이런 마음가짐이 가장 어두운 시간 속에서도 한 걸음 더 나아갈 수 있게 해주었습니다.

★ 성공과 실패 재정의

마지막으로, 우리는 성공과 실패라는 개념을 다시 정의해 보았습니다. '나'라는 사람을 먼저 정의하고, 그 바탕 위에 자신만의 성공과 실패를 새롭게 정의하는 과정을 거쳤습니다.

진정한 실패는 금전적 손실이나 사업 중단이 아니라, 두려움 때문에 도전하지 않는 것, 실수에서 배우지 못하고 같은 오류를 반복하는 것, 그리고 무엇보다 포기해버리는 것임을 깨달았습니다. "실패는 포기하는 순간"이라는 재정의를 통해, 아직 제가 실패하지 않았다는 사실을 매일 확인할 수 있었고, 그것이 제게 매일 다시 일어설 이유가 되었습니다.

★ 다음 단계를 향해

이제 실패학의 기초를 다졌습니다. 몸과 마음을 회복하고, 삶의 이유를 찾고, 성공과 실패를 재정의하는 과정을 통해 우리는 다시 일어설 수 있는 단단한 토대를 마련했습니다.

기억하세요. 실패 후의 회복은 결코 쉬운 과정이 아닙니다. 그것은 종종 길고 힘든 여정이 될 수 있습니다. 하지만 이 기초 단계를 충실히 거쳤다면, 이제 우리는 다음 단계로 나아갈 준비가 되었습니다.

2단계에서는 좀 더 구체적으로 실패를 분석하고, 그로부터 배우는 방법에 대해 알아볼 것입니다. 실패를 두려워하지 않고 직면하며, 그 속에서 성장의 씨앗을 발견하는 여정을 함께 시작해봅시다.

지금까지의 여정이 쉽지 않았다는 것을 알고 있습니다. 하지만 여러분이 이 책을 읽고 있다는 사실은, 이미 포기하지 않기로 결정했다는 증거입니다. 그 용기에 박수를 보내며, 이제 함께 다음 단계로 나아가겠습니다.

4부
★
실패를 극복하는 2단계

실패의 첫 충격에서 벗어나 몸과 마음을 회복했다면, 이제는 더 깊이 들여다볼 시간입니다. 2단계는 단순히 상처를 치유하는 것을 넘어, 실패의 본질을 이해하고 그로부터 배우는 과정입니다.

　우리는 종종 감정에 휩싸여 실패의 진짜 원인을 보지 못합니다. 자책과 변명 사이에서 헤매느라 객관적 사실을 놓치곤 합니다. 하지만 실패에서 진정으로 성장하려면, 냉정한 분석과 솔직한 자기 성찰이 필요합니다.

　이 단계에서는 감정을 잠시 내려놓고 실패를 마치 타인의 사례처럼 객관적으로 분석합니다. 내 잘못과 외부 요인을 구분하고, 결정적 순간들을 되돌아보며, 무엇이 실패로 이끌었는지 파악합니다. 이는 자신을 학대하는 과정이 아니라, 의사가 정확한 진단을 위해 증상을 꼼꼼히 살피는 것과 같습니다.

더 중요한 것은, 단 한 번의 실패가 아닌 자신의 실패 패턴을 발견하는 일입니다. 같은 실수를 반복하고 있지는 않은지, 특정 상황에서 항상 무너지는 취약점은 무엇인지 파악함으로써, 미래의 실패를 예방할 수 있는 자기 이해의 지도를 만들게 됩니다.

마지막으로, 단순히 '실수를 반복하지 않겠다'로 끝나는 것이 아니라, 실패에서 교훈을 얻고 나만의 의사결정 과정을 만들어야 합니다. 하이리스크 하이리턴만 생각하고 성공만 바라보는 것이 아니라, 실패의 가능성도 고려하며 최고는 아닐지라도 최선의 선택을 위한 원칙을 세울 것입니다. 실패한 우리에게 또 한번의 실패는 뼈아플 수 있기 때문입니다.

실패학 2단계는 과거를 들여다보는 단계이지만, 그 목적은 미래를 위한 것입니다. 실패의 진짜 가치는 극복과 성장에 있기 때문입니다. 이 과정은 때로 고통스러울 수 있지만,

이 단계를 거친 후에는 더 강하고, 더 현명하며, 다음 도전을 위한 준비가 갖춰진 자신을 발견하게 될 것입니다.

★

실패의 객관적 분석

★

실패를 객관적으로 분석해야하는 이유

실패를 마주했을 때 우리의 첫 반응은 대개 감정적입니다. 수치심, 분노, 자책, 변명… 이런 감정들이 실패의 진짜 원인을 보지 못하게 합니다. 마치 안개 속에서 길을 찾으려는 것과 같죠. 하지만 같은 실패를 반복하지 않기 위해서는 이 감정의 안개를 걷어내고, 사실만을 바라보는 냉철한 시선이 필요합니다.

실패를 객관적으로 분석해야 하는 이유는 명확합니다. 첫째, 감정에 휩싸인 상태에서는 실패의 진짜 원인을 파악할 수 없습니다. 둘째, 객관적 분석 없이는 같은 실수를 반복할 가능성이 높아집니다. 셋째, 객관적 사실에 기반한 성찰만이 미래의 의사결정에 실질적인 도움이 됩니다. 마지막으로, 감정과 사실을 분리함으로써 실패에서 오는 심리적 부담을 줄이고 더 건설적인 방향으로 나아갈 수 있습니다.

객관적 분석이란 법정에서 증거만으로 판단하는 판사처럼, 또는 의사가 증상을 정확히 진단하기 위해 감정을 배제하고 관찰하는 것과 같습니다. 이것은 자신을 비난하거나 학대하는 과정이 아닙니다. 오히려 더 나은 결정을 내리기 위한 정확한 지도를 만드는 작업입니다. 객관적 분석은 과거에 묶여있기 위함이 아니라, 더 나은 미래를 위한 정확한 지도를 그리기 위한 것임을 기억하세요.

저는 큰 실패를 겪은 후 실패를 마주하는 방법을 뼈저리게 배웠습니다. 처음에는 핑계와 변명을 찾기 시작했습니다. "아, 내가 더 좋은 집안에서 태어났으면", "아, 누가 돈을 더 빌려줬으면", "그때 그 사람이 내 종목이 안 좋다고 이야기만 안했으면", "왜 아무도 내가 돈 많이 벌겠다는데 안도와주는 거야"… 등등. 일이 안 풀리기 시작하면서 주변에서 이유를 찾고 감정적으로 변했습니다.

과연 그게 도움이 되었을까요? 그렇다면 저는 큰 실패를 경험하지 않았겠죠.

요즘 F와 T 이야기를 많이 합니다(MBTI의 특성 중 Feeling과 Thinking을 의미합니다). 감정적인 사람과 이성적인 사람, 둘 다 필요하지만, 실패를 분석하고 원인을 찾기 위해서는 감정, 자기연민, 컨트롤할 수 없는 주변 상황을 내려놓고 사실을 확인해야 합니다.

실패를 분석할 때 감정이 개입하면 현실을 왜곡하게 됩니다. 화가 나면 타인의 잘못을 과장하고, 슬프면 자신을 필요 이상으로 비난하며, 두려우면 통제할 수 없는 외부 요인에 지나치게 집중하게 됩니다. 이런 상태에서는 정확한 원인 분석이 불가능합니다.

실패를 객관적으로 분석은 법정에서 변호사가 감정적인 호소 대신 증거만을 가지고 논리적으로 주장하는 것과 같습니다. "누가 도와주지 않았다"는 감정 대신 "자금 조달 계획이 불충분했다"는 사실에 집중하는 것입니다. "운이 나빴다"는 위안 대신 "리스크 관리가 부족했다"는 현실을 인정하는 것입니다.

이렇게 감정을 배제하고 사실만 보는 것은 처음에는 고통스러울 수 있습니다. 누구나 실패의 책임에서 벗어나고 싶은 마음이 있으니까요. 하지만 이 과정은 의사가 정확한 진단을 위해 아픈 부위를 꼼꼼히, 그러나 치료를 위해 살피는 것과 같습니다.

실패에서 진정으로 배우고, 같은 실수를 반복하지 않기 위해 꼭 필요한 과정입니다. 그리고 이것이 실패를 단순한 좌절이 아닌, 성장의 기회로 만드는 첫걸음입니다.

내부 요인 vs 외부 요인

실패를 제대로 이해하고 성장하기 위해서는 내가 통제할 수 있었던 '내부 요인'과 내 힘으로는 어쩔 수 없었던 '외부 요인'을 명확히 구분해야 합니다. 이 구분은 자신을 너무 비난하거나 반대로 모든 책임을 외부에 돌리지 않기 위해 꼭 필요한 과정입니다.

<u>내부 요인 - 내가 통제할 수 있는 것들</u>

내부 요인은 우리가 직접 결정하고 통제할 수 있는 모든 요소를 말합니다. 주식 투자를 예로 들면 종목 선택, 투자 금액, 매수매도 시점 결정이 여기에 해당합니다. 오프라인 카페를 운영한다면 메뉴 구성, 가격 책정, 직원 교육, 인테리어 등이 내부 요인이죠. 온라인 쇼핑몰에서는 상품 선정, 상세페이지,

고객 응대 방식, 마케팅 전략 등이 내부 요인에 해당합니다.

예를 들어, 카페 운영에서 매출이 저조했다면 위치 선정 실수, 타겟 고객층에 맞지 않는 메뉴, 직원 교육 부족으로 인한 서비스 품질 저하 등이 내부적 실패 요인일 수 있습니다. 이런 요소들은 사업자가 직접 결정하고 개선할 수 있는 부분입니다.

온라인 판매의 경우, 제품 사진의 품질이 낮거나, 배송 관리가 부실하거나, 고객 문의에 대응이 늦은 것 등은 모두 내가 통제할 수 있는 내부 요인입니다. 이런 문제로 리뷰가 좋지 않아 판매가 부진했다면, 그것은 내부적 요인에 의한 실패라고 볼 수 있습니다.

사업에서 내부 요인은 다음과 같은 것들이 있습니다:

- 내가 내린 결정들(어떤 위치에 가게를 열지, 어떤 제품을 팔지)
- 자금 관리 방식(자본금을 어떻게 배분했는지, 현금 흐름은 어떻게 관리했는지)
- 내 전문성과 지식(필요한 기술이나 산업 지식을 갖추었는지)
- 내 심리 상태(조급함, 두려움, 과신이 의사결정에 어떤 영향을 미쳤는지)

외부 요인 - 내가 통제할 수 없는 것들

반면 외부 요인은 우리의 통제 범위 밖에 있는 요소들입니다. 주식 시장에서는 갑작스러운 전쟁 상황이나 글로벌 경제 위기가 여기에 해당합니다. 오프라인 가게에서는 근처 도로 공사, 새로운 경쟁업체 입점, 임대료 급상승 등이 외부 요인이죠. 온라인 비즈니스에서는 알고리즘 변경, 해킹 사고, 배송 업체 파업 등이 외부 요인에 해당합니다.

예를 들어, 동네 베이커리를 운영하고 있었는데 갑자기 코로나19가 발생하여 매장 방문객이 급감했다면, 그것은 개인이 통제할 수 없는 외부 요인입니다. 마찬가지로 온라인 의류 쇼핑몰을 운영하다가 갑작스러운 원자재 가격 상승으로 원가가 올라가 수익성이 악화된 경우도 외부 요인에 의한 어려움입니다. 이 역시 통제할 수 없는 외부 요인이죠. 하지만 그 상황에 어떻게 대응하는지는 다시 내부 요인이 됩니다.

사업에서 외부 요인은 이런 것들이 있습니다:
- 시장 상황(경쟁 강도, 시장 성장성, 진입 장벽)
- 경제 환경(불황, 인플레이션, 금리 변화, 소비자 구매력)
- 소비자 행동 변화(온라인 쇼핑 선호도 증가, 소비 트렌드 변화)

- 예상치 못한 사건(팬데믹, 자연재해, 주요 공급업체 파산)

내부와 외부 요인의 연결과 분석

실패를 제대로 분석하려면 내부 요인과 외부 요인이 어떻게 상호작용했는지 이해해야 합니다.

한 프리랜서 디자이너가 "클라이언트가 갑자기 프로젝트를 취소해서 수입이 끊겼다"고 말할 수 있습니다. 이는 표면적으로는 외부 요인으로 보이지만, 깊이 들여다보면 "여러 클라이언트를 확보하지 않고 한 곳에만 의존했다"는 내부 요인이 더 근본적인 문제일 수 있습니다.

동네 카페 사장이 "대형 프랜차이즈가 근처에 들어와서 망했다"고 말할 수 있습니다. 하지만 실패의 진짜 원인은 "차별화된 메뉴와 서비스를 개발하지 않았다"는 내부 요인일 수도 있습니다.

온라인 쇼핑몰에서는 "택배비와 생산 단가가 올라서 수익성이 악화됐다"는 외부 요인과 "제품의 마진율을 너무 낮게 설정했다"는 내부 요인이 함께 작용했을 수 있습니다.

대부분의 실패는 하나의 원인만으로 설명할 수 없습니다. 내부와 외부 요인이 복합적으로 작용하는 것이 일반적입니다. 중요한 것은 이 둘을 구분하고, 각각에 대해 적절한 대응 전략을 세우는 것입니다.

이런 분석관 전략이 중요한 이유는 다음 도전을 위한 구체적인 교훈을 얻을 수 있기 때문입니다.

온라인 쇼핑몰 운영자가 "다음에는 상품 품질 관리를 강화하고(내부 개선), 여러 배송 업체와 계약을 맺어 리스크를 분산하겠다(외부 위험 대비)"라고 계획할 수 있습니다.

음식점 사장은 "다음에는 고객들이 선호하는 메뉴는 개발하고(내부 개선), 배달과 테이크아웃 옵션을 늘려 다양한 수입원을 확보하겠다(외부 위험 대비)"라고 결심할 수 있습니다.

내부 요인과 외부 요인을 명확히 구분함으로써, 우리는 스스로에게 정직해질 수 있습니다. 모든 것을 외부 탓으로 돌리는 변명도, 모든 책임을 짊어지는 자학도 피할 수 있습니다. 대신 냉철하게 우리가 통제할 수 있는 것을 개선하고, 통제할 수 없는 것에는 대비하는 지혜를 얻게 됩니다.

실패는 단순한 실수가 아니라 귀중한 인사이트를 담고 있는 경험입니다. 그 깨달음을 제대로 얻기 위해서는 내부 요인과 외부 요인을 분명히 구분하고, 그 연결 관계를 이해하는 것이 첫걸음입니다.

실패 속 결정적 순간 찾기

실패는 한 번의 결정으로 일어날 수도 있지만, 대부분은 여러 가지 원인들이 겹치면서 발생합니다. 마치 도미노처럼 하나가 쓰러지면 다음 것도 쓰러지는 연쇄 작용이죠. 그래서 실패를 제대로 이해하려면 결정적인 전환점들을 찾아내는 작업이 필요합니다.

결정적 전환점이란 돌이켜 보았을 때 "이 순간이 모든 것을 바꿨다"고 말할 수 있는 중요한 결정이나 사건을 말합니다. 큰 사업에서는 "무리한 확장을 결정한 순간", "핵심 인재가 떠난 시점", "중요한 경쟁사의 등장을 간과한 때" 등이 있을 수 있습니다.

작은 자영업에서도 마찬가지입니다. "인기 메뉴를 갑자기 바꾼 순간", "원가 절감을 위해 식재료 품질을 낮춘 시점", "주변 상권 변화를 무시하고 원래 영업 방식을 고수한 때", "직원 교육에 투자하지 않기로 한 결정", "가격 인상을 미룬 시점" 등이 결정적 전환점이 될 수 있습니다. 특히 카페나 음식점에서는 "맛의 일관성을 잃은 순간"이 종종 몰락의 시작점이 되기도 합니다.

이런 전환점을 파악하는 방법에는 여러 가지가 있습니다. 그중 2가지를 소개해드리겠습니다.

타임라인을 그려보기

사업 시작부터 실패까지의 주요 사건과 결정들을 시간 순서대로 나열해보세요. 그리고 매출, 고객 수, 수익률 같은 주요 지표가 크게 변화한 지점을 표시합니다.

이런 변화 지점 전후로 어떤 일이 있었는지 살펴보면 결정적 전환점을 발견할 수 있습니다. 예를 들어, 매출이 급격히 하락한 시점 직전에 어떤 의사결정이 있었는지, 어떤 시장 변화가 있었는지 집중적으로 살펴보세요. 혹시 그때 새로운 마케팅 전략을 시도했나요? 제품 가격을 변경했나요? 핵심 직원이 퇴사했나요? 경쟁사가 새로운 제품을 출시했나요? 이러한 사건들이 종종 결정적 전환점이 됩니다.

타임라인을 그릴 때는 가능한 한 구체적인 수치와 날짜를 포함하세요. "매출이 감소했다"보다는 "2023년 3월에 매출이 전월 대비 30% 하락했다"처럼 구체적으로 기록하면 패턴을 더 명확히 볼 수 있습니다. 또한 긍정적인 변화

지점도 함께 표시하면 무엇이 효과가 있었고 무엇이 실패로 이어졌는지 대조할 수 있습니다.

"5번의 왜?"를 사용하기

최종 실패 상황에서 시작해 "왜 그렇게 되었을까?"라고 계속 물어보는 겁니다. 예를 들어, "왜 가게가 문을 닫게 되었나?" - "현금이 부족해서" - "왜 현금이 부족했나?" - "매출이 급감해서" - "왜 매출이 급감했나?" - "단골 고객들이 줄어들어서" - "왜 단골이 줄었나?" - "음식 맛이 일정하지 않게 되어서" - "왜 맛이 변했나?" - "비용 절감을 위해 재료를 바꿨기 때문에". 이런 식으로 근본 원인까지 거슬러 올라갈 수 있습니다.

"5번의 왜?" 방법을 사용할 때는 솔직함이 중요합니다. 첫 번째나 두 번째 '왜'에서 멈추지 말고, 정말 근본적인 원인을 찾을 때까지 계속 파고들어야 합니다. 때로는 불편한 진실과 마주해야 할 수도 있습니다. 예를 들어 "직원들이 자주 바뀌어서"라는 답에서 더 파고들면 "내 관리 스타일이 너무 완벽주의적이었기 때문에"라는 불편한 진실을 마주할 수도 있습니다. 그러나 이런 근본 원인을 발견하는 것이 진정한 변화의 시작점입니다.

이 두 방법을 함께 사용하면 더욱 효과적입니다. 타임라인으로 전체적인 흐름을 파악한 후, 주요 전환점마다 "5번의 왜?"를 적용해 더 깊이 파고들 수 있습니다. 이렇게 실패의 전체 그림과 깊이를 모두 이해할 수 있게 됩니다.

저의 경우, 투자에 실패했을 때 이 방법을 사용해 봤습니다. "왜 투자금을 잃었나?" - "손절을 하지 않아서" - "왜 손절을 하지 않았나?" - "반드시 회복할 거라고 믿었기 때문에" - "왜 그렇게 믿었나?" - "초기에 몇 번의 성공 경험으로 자신감이 과도했기 때문에" - "왜 그런 자신감이 생겼나?" - "리스크 관리의 중요성을 배우지 않았기 때문에". 이렇게 따져보니 제 실패의 뿌리에는 '리스크 관리 부재'라는 근본적인 문제가 있었음을 깨달았습니다.

이 과정에서 당시에는 인식하지 못했지만 지금 보니 명백한 위험 신호였던 상황들도 발견하게 됩니다. "첫 달부터 매출 목표에 크게 미달했는데도 전략을 수정하지 않았다", "단골들의 방문 빈도가 줄어드는 추세를 무시했다", "신메뉴에 대한 부정적 피드백을 개인 취향 문제로 치부했다", "인근에 경쟁 매장이 생겼을 때 차별화 전략을 세우지 않았다" 등이 여기에 해당합니다.

또한 각 전환점에서 어떤 대안적 선택이 가능했는지 분석하는 것도 중요합니다. "A 대신 B를 선택했다면 어땠을까?"라는 질문은 단순히 후회하기 위한 것이 아니라, 미래의 의사결정을 위한 교훈을 얻기 위함입니다. 예를 들어, "인기 메뉴는 그대로 유지하면서 새 메뉴를 추가했다면", "품질은 유지하고 대신 제품 크기를 조정했다면", "직원 교육에 더 투자했다면" 어떻게 달라졌을지 상상해보는 것입니다.

제 동업자와의 관계가 악화된 경우에도 이런 분석이 도움이 됐습니다. "처음부터 명확한 계약서를 작성했다면", "의견 차이가 생겼을 때 제3자의 중재를 요청했다면", "각자의 역할과 책임을 명확히 했다면" 결과가 달라졌을지 생각해볼 수 있었습니다. 이런 반성은 다음 파트너십에서 어떤 점을 주의해야 할지 알려주는 귀중한 교훈이 되었습니다.

이런 분석을 통해 향후 비슷한 상황에서 다른 결정을 내릴 수 있는 기준을 만들 수 있습니다. 물론 이러한 실천적인 부분은 실패학 응용 파트와 실전 창업 파트에서 더 깊이 다룰 예정입니다. 여기서는 어떤 전환점들이 있었는지 파악하고, 그 의미를 이해하는 데 집중합니다.

결정적 전환점을 파악하는 작업은 과거를 비난하거나 후회하기 위한 것이 아닙니다. 오히려 미래에 더 나은 결정을 내리기 위한 지도를 만드는 과정입니다. 이것은 마치 네비게이션에서 위험 지역을 표시하는 것과 같습니다. 다음에 그 길을 지날 때는 더 조심하거나, 아예 다른 경로를 선택할 수 있게 되는 것입니다.

반복되는 실패 패턴 발견하기

실패의 객관적 분석 방법을 익혔다면, 이제는 한 걸음 더 나아가 당신만의 고유한 실패 패턴을 발견할 차례입니다. 앞서 우리는 감정을 분리하고, 내부/외부 요인을 구분하고, 결정적 전환점을 찾는 도구들을 배웠습니다. 이제 이 도구들을 활용해 여러 실패 경험을 관통하는 당신만의 패턴을 찾아내는 방법을 알아봅시다.

하나의 실패는 우연일 수 있지만, 여러 번의 실패에서 나타나는 반복적인 패턴은 우연이 아닌 필연입니다. 마치 지문처럼 우리 각자는 독특한 실패 패턴을 가지고 있습니다.

성공하는 사람들은 자신의 실패 패턴을 알고, 그것을 극복하는 법을 배웠기 때문에 마침내 성공할 수 있었습니다.

저도 여러 번의 실패를 겪으면서 제 패턴을 발견했습니다. 투자든, 사업이든, 심지어 인간관계에서도 비슷한 패턴이 반복되었습니다. 저는 초기 성공에 도취되어 리스크 관리를 소홀히 하는 경향이 있었고, 문제의 징후가 보일 때 '곧 좋아질 거야'라며 현실을 직시하지 않았습니다. 이 패턴을 발견하기 전까지는 같은 실수를 계속 반복했지만, 패턴을 인식한 후에는 경계 신호를 만들어 같은 함정에 빠지지 않도록 할 수 있었습니다.

이 장에서는 **두 가지 핵심 방법**을 통해 당신의 실패 패턴을 체계적으로 발견할 것입니다.

첫째, '객관적 실패 일지'를 작성해 여러 실패 경험을 시간순으로 정리하고, 내부/외부 요인을 구분하여 반복되는 패턴을 시각화합니다. 마치 범죄 수사관이 여러 사건의 공통점을 찾아 범인의 프로필을 만드는 것과 같습니다. 실패 경험 3-5개를 선택해 각각에 대해 무슨 일이 일어났는지, 어떤 결정을 내렸는지, 결과는 어땠는지 시간 순서대로 작성해보세요. 그런 다음 각 경험에서 반복되는 요소들을 다른 색상으로 표시해봅니다. 이렇게 하면 공통된 패턴이 시각적으로 드러납니다.

둘째, '트리거-반응-결과' 분석을 통해 어떤 상황이나 감정이 당신을 잘못된 의사결정으로 이끄는지 파악합니다. 이는 당신의 실패를 촉발하는 '트리거(방아쇠)'를 찾고, 그로부터 시작되는 행동-결과-감정의 순환 고리를 파악하는 과정입니다. 예를 들어, '경쟁자의 성공 소식(트리거)' → '조급함과 불안(감정)' → '준비 부족한 상태에서 서둘러 결정(행동)' → '실패(결과)' → '자신감 하락(감정)' 같은 패턴이 있을 수 있습니다. 악순환의 고리를 끊을 수 있는 개입 지점을 찾는 것이 이 분석의 핵심입니다.

한 창업가는 자신이 초기 성공 후에 항상 과도한 자신감에 빠져 무리한 확장을 시도하는 패턴을 발견했습니다. 그는 성공의 초기 징후가 보일 때마다 "이번에는 최소 6개월 더 현재 규모를 유지하고 내부 시스템을 강화한 후 확장을 고려하자"라는 원칙을 세워 이 패턴을 깨뜨렸고, 마침내 지속 가능한 성장을 이룰 수 있었습니다.

이 과정은 때로 불편하고 고통스러울 수 있습니다. 자신의 약점과 반복되는 실수 패턴을 직면하는 일은 결코 쉽지 않습니다. 하지만 프로 운동선수가 자신의 경기 영상을 반복해서 보며 실수 패턴을 분석하듯, 우리도 실패 경험을 체계적으로 살펴봐야 합니다. 이것은 자신을 비난하기 위한 과정이 아니라, 더 나은 미래를 위한 귀중한 지도를 만드는 작업입니다.

당신만의 실패 패턴을 발견함으로써, 다음 도전에서는 같은 함정에 빠지지 않을 것입니다. 실패의 순환에서 벗어나 성장하는 유일한 길은 바로 자신의 패턴을 정확히 이해하는 것에서 시작합니다.

자, 이제 당신만의 실패 지도를 그려볼 시간입니다. 이 지도는 당신이 가야 할 길뿐만 아니라, 피해야 할 함정까지 명확히 보여주는 인생의 네비게이션이 될 것입니다.

★

실패를 통한 나만의 원칙 만들기

★

실패를 인정하는 순간, 다시 시작할 수 있었다

객관적 분석을 마쳤다면, 이제 가장 어려운 단계를 마주할 시간입니다. 바로 실패를 인정하는 것입니다. 알고 있는 것과 인정하는 것은 완전히 다릅니다. 우리의 자아는 작은 말싸움에서조차 인정하기를 꺼리는데, 하물며 큰 실패를 인정하는 것은 얼마나 더 어려울까요? 하지만 여러분이 이 책을 읽고 있다는 것은 이미 실패를 마주하고 성장하려는 지혜로운 결정을 내렸다는 증거입니다. 저 역시 힘들었지만 실패를 인정하고 다시 시작하기로 했습니다. 우리는 함께 이 과정을 걸어갈 수 있습니다.

결과를 인정하지 않으면, 아무것도 시작되지 않습니다.

실패 후 많은 사람들이 흔히 보이는 반응은 부정, 회피, 핑계입니다. "아직 끝난 게 아니야", "시장 상황이 나빠서 그랬어", "다른 사람들이 나를 방해했어"라고 말하며 현실을 외면하려 합니다. 하지만 이런 방어 기제는 결국 상처를 오래 끌게 만들 뿐입니다.

제가 투자에 실패했을 때, 처음에는 "시장이 반등할 거야"라며 현실을 부정했습니다. 손실이 커져도 "곧 회복될 거야"라고 자신을 속였고, 결국 감당할 수 없는 상황까지 이르렀습니다. 그제서야 "나는 실패했다"라고 인정했을 때, 비로소 새로운 길을 모색할 수 있었습니다. 실패를 인정하는 것은 쓰라리지만, 이것이 회복의 출발점입니다. "이건 나에게 일어난 일이다"라고 담담히 말할 수 있을 때, 진정한 변화가 시작됩니다. 모든 치유와 성장은 현실을 있는 그대로 받아들이는 데서 출발합니다.

실패를 인정한다고 해서 자신을 비난할 필요는 없습니다. "내 선택이 틀렸다"와 "나는 형편없다"는 완전히 다른 문장입니다. 전자는 사실에 대한 인정이고, 후자는 감정이 섞인 해석입니다. 3억의 빚을 지고 개인회생을 신청했을 때, 저는 "나는 쓸모없는 실패자야"라고 자책했습니다. 하지만 회복 이후 실패를 인정하고, 바꿔 생각하기 시작했습니다: "나는 투자에서 큰 손실을 봤고, 그 결과 개인회생을 신청했다. 나는 실력있는 투자자가 아니었고, 욕심만 있었다. 인정하고 무엇을 잘 못 했는지 그리고 무엇을 해야하는 생각하자"

감정이 섞인 해석 대신, 결과를 사실로 받아들이는 연습이 필요합니다. 자기비난은 무력감과 절망으로 이어지지만, 사실의 인정은 새로운 방향 설정을 가능하게 합니다. 실패는 당신 인생의 일부일 뿐, 당신 전체는 아닙니다. 한 번의 실패가 당신의 모든 것을 정의하지 않습니다. 하지만 그렇다고 그것을 자신의 이야기에서 지울 수도 없습니다.

실패의 객관적 분석에서 기록한 내용과 인정하면서 스스로에게 설명해보는 작업이 저에게 정말 큰 도움이 되었습니다. "내가 이런 선택을 했고, 그래서 이런 결과가 나왔다." 실패를 나의 이야기 일부로 통합할 때, 그것은 더 이상 부끄러운 비밀이 아니라 성장의 한 챕터가 됩니다. 제가 동업자와 관계가 틀어져 사업을 잃었을 때, 오랫동안 그 이야기를 하기 꺼려했습니다. 하지만 그 경험을 솔직하게 이야기하기 시작했을 때, 놀랍게도 그것은 저의 상처가 아닌 지혜로 변하기 시작했습니다. 실패를 내 이야기로 받아들이는 순간, 그것은 제게 힘을 주는 자산이 되었습니다.

제가 인생을 살면서 정말 좋아하는 문장이 있습니다.

"first step in solving any problem is recognizing there is one." - Newsroom

문제 해결의 첫 번째 단계는 문제가 있다는 것을 인식하는 것입니다.

실패를 인지하고 인정하는 것은 쉽지 않습니다. 하지만 그것은 진정한 치유와 성장을 위한 필수적인 과정입니다. 실패의 결과를 인정했다면, 이제는 그 안에 담긴 나 자신을 더 깊이 바라볼 차례입니다.

실패에서 원칙을 얻은 사람은 쉽게 무너지지 않는다

실패를 인정하는 것은 중요한 첫걸음이지만, 거기서 멈춰서는 안 됩니다. 실패의 진정한 가치는 그것을 미래의 성공으로 바꿀 수 있는 지혜를 얻는 데 있습니다. 그리고 이 지혜를 구체적인 행동으로 옮기기 위해서는 '나만의 원칙'

이 필요합니다.

실패를 인정하고 자기이해까지 했더라도, 실행 전략이 없다면 같은 실수가 반복될 가능성이 높습니다. 우리는 종종 감정적인 후회에서 멈추곤 합니다. "다시는 이런 실수 안 해야지"라는 막연한 다짐만으로는 부족합니다. 그 감정적인 후회가 구체적인 이해로, 그리고 다시 명확한 행동 지침으로 연결되어야 진정한 변화가 일어납니다. 그래서 '다시는 안 그러겠다'는 다짐이 아니라, '앞으로는 이렇게 하겠다'는 원칙이 필요한 이유입니다.

실패 속에는 항상 '다음번에는 이렇게 했으면 좋았을 텐데'라는 힌트가 숨어 있습니다. 이런 깨달음을 그냥 흘려보내지 말고 명확한 문장으로 정리해두는 작업이 중요합니다. 저의 경우, 주식 투자에서 큰 손실을 본 후 "아, 처음부터 투자금의 일정 비율 이상은 절대 한 종목에 넣지 말았어야 했는데"라는 생각이 들었습니다. 이 생각을 구체적인 원칙으로 만들었습니다: "어떤 경우에도 총 자산의 30% 이상을 한 투자처에 집중하지 않는다."

또 다른 예로, 동업 관계에서 실패한 후에는 이런 원칙을 세웠습니다: "모든 파트너십은 반드시 서면 계약으로 시작하며, 역할과 책임, 이익 분배, 이탈 조건까지 명문화한다."
이런 구체적인 원칙들은 막연한 다짐보다 훨씬 실천 가능한 지침이 됩니다.

실패 속에서 얻은 교훈을 원칙으로 만드는 예시들은 다음과 같습니다:

- "준비가 50% 이상 되기 전에는 시작하지 않는다"
- "내가 감정적으로 반응할 땐 24시간 후에 결정한다"
- "성공을 확신할 때일수록 리스크 시뮬레이션을 먼저 한다"

특히 중요한 것은 '트리거'에 대한 대처법을 미리 정해두는 것입니다. 트리거란 우리를 실수로 이끄는 특정 상황이나 감정을 말합니다. 예를 들어, 한 사업가는 주변 사람들의 성공 소식을 들을 때마다 조급함이 생겨 충동적인 결정을 내리는 패턴이 있었습니다. 이 패턴을 인식한 후, 그는 이런 원칙을 세웠습니다:

"다른 사람의 성공 소식을 듣고 조급함이 느껴질 때는, 깊게 숨을 세 번 쉬고 '나의 페이스대로 가자'라고 스스로에게 말한다. 그리고 최소 하루가 지난 후에 결정한다."

이런 '내가 약해지는 순간'과 '내가 택할 대안 행동'을 연결해둔 원칙은 실제 상황에서 반사적으로 작동할 수 있습니다. 마치 운전 중 위험 상황에서 자동으로 브레이크를 밟는 것처럼, 훈련된 반응이 되는 것입니다.

원칙을 세울 때는 많은 것보다 실천 가능한 것에 초점을 맞추는 것이 중요합니다. "내가 정말 지킬 수 있는 단 한 가지가 있다면 무엇일까?"라는 질문으로 시작해보세요. 저는 처음에 10가지가 넘는 원칙을 세웠지만, 결국 3가지만 실천할 수 있었습니다. 더 적더라도 꾸준히 지킬 수 있는 원칙이 훨씬 가치 있습니다.

실천 가능한 최소 원칙의 예시는 다음과 같습니다:

- "다음에 확장할 땐 반드시 제3자의 의견을 먼저 듣는다"
- "매주 금요일, 30분 동안 실패복기 시간을 갖는다"
- "불확실한 결정을 내릴 때는 반드시 메모와 시뮬레이션을 거친다"

이런 원칙들은 '실패에서 탄생한 나만의 무기'입니다. 책이나 강의가 아니라, 내 경험에서 나온 원칙이야말로 진짜 나를 지켜줄 수 있습니다. 누군가 알려준 일반적인 조언보다, 자신의 실패와 고통 속에서 얻은 깨달음이 훨씬 강력하고 오래 지속됩니다.

원칙이 있으면 상황에 끌려가지 않고, 상황을 리드할 수 있습니다. 실패해본 사람만이 갖는 특별한 힘이죠. 어쩌면 실패의 가장 큰 선물은, 나만의 원칙을 갖게 되는 것인지도 모릅니다. 그 원칙들은 다음 도전에서 여러분을 안내하는 등대가 되어줄 것입니다.

저는 실패 후 세운 원칙들을 아침 명상 시간에 다짐하고 복기합니다. 중요한 결정을 앞두고는 원칙들을 다시 한번 떠올리며, 주변의 이야기도 귀 기울여 듣습니다. 과거와 달리 자만하지 않고 겸손함을 유지할 수 있는 원칙들을 만든 것이 큰 변화입니다. 결국 실패의 가장 값진 선물은 이렇게 자신을 지켜줄 지혜를 얻게 된 것인지도 모릅니다. 여러분도 자신만의 원칙 카드를 만들어보는 것은 어떨까요?

2단계 마무리

실패를 분석하고 배우는 지혜의 여정이 이제 마무리 단계에 이르렀습니다. 지금까지 우리는 감정의 안개를 걷어내고 실패를 객관적으로 바라보는 법을 배웠습니다. 내부 요인과 외부 요인을 구분하고, 결정적 전환점을 파악하며, 반복되는 실패 패턴을 발견하는 과정을 거쳤습니다. 또한 실패의 결과를 솔직히 인정하고, 그로부터 나만의 원칙을 세우는 방법까지 알아보았습니다.

이 과정은 결코 쉽지 않았을 것입니다. 자신의 실패를 냉정하게 분석하고, 때로는 불편한 진실과 마주하며, 반복되는 패턴을 인식하는 작업은 상당한 용기와 인내가 필요했을 테니까요. 하지만 이 어려운 여정을 완주한 여러분은 이제 귀중한 자산을 얻었습니다. 바로 '실패의 지도'와 '성장의 나침반'입니다.

실패의 지도는 여러분이 어떤 함정에 빠지기 쉬운지, 어떤 결정 지점에서 주의해야 하는지를 명확하게 보여줍니다. 성장의 나침반은 여러분만의 원칙으로, 앞으로의 여정에서 방향을 잃지 않도록 도와줄 것입니다. 이 두 가지는 어떤 책이나 강의에서도 얻을 수 없는, 오직 여러분의 경험과 성찰을 통해서만 얻을 수 있는 소중한 자산입니다.

실패를 분석하고 성찰하는 과정에서 발견한 통찰은 단순히 알고 있는 지식이 아닙니다. 그것은 여러분의 피와 땀으로 얻은, 가슴 깊이 체화된 지혜입니다. 이런 종류의 지혜는 쉽게 잊히지 않으며, 앞으로의 도전에서 여러분을 안내하는 강력한 내면의 목소리가 될 것입니다.

이제 우리는 3단계로 나아갈 준비가 되었습니다. 회복과 성찰, 인정과 원칙을 넘어, 이제는 실패를 극복하고 도전자로서 다시 일어서는 마인드셋을 배울 차례입니다.

기억하세요. 실패는 누구에게나 찾아옵니다. 하지만 그것을 어떻게 받아들이고, 분석하고, 배움으로 전환하느냐에 따라 삶의 궤적이 달라집니다. 지금까지의 여정에서 여러분은 실패를 두려워하지 않고 직면하는 용기를 보여주었습니다. 그 용기가 앞으로의 도전에서 여러분의 가장 큰 자산이 될 것입니다.

5부
★
실패를 극복하는 3단계

실패를 극복하는 1단계에서 회복의 기술을 배우고, 2단계에서 깊은 통찰과 성찰의 시간을 가졌다면, 이제 3단계에서는 그 회복과 깨달음을 바탕으로 실패를 극복하는 마인드를 만들 시간입니다.

저는 그동안 실패 후 내면의 회복과 삶의 의미를 찾는 과정을 함께 걸어왔습니다. 하지만 진정한 변화는 생각에서 그치는 것이 아니라 내 몸과 마음속 깊이 마인드셋을 장착해야 비로소 시작됩니다. 이 책에서 다루는 '실패'의 진정한 가치는 단순한 위로나 철학적 깨달음에 그치지 않고, 실제 사업과 삶에서 더 나은 결과를 만들어내는 데 있습니다.

3단계에서는 실패를 넘어서는 사업가의 마인드셋을 배우고, 그것을 나의 무기로 만드는 방법까지 체계적으로 살펴볼 것입니다. 주변의 부정적 목소리에 흔들리지 않는 법, 문제를 기회로 바꾸는 관점의 전환, 1000개의 NO 속에서도 그 하나의 YES를 향해 끝까지 포기하지 않는 힘을 기르는 방법을 함께 배울 것입니다.

또한 성공적인 사업을 위한 '1%의 영감'에 대해 알아보고, 경쟁이 치열한 시장에서도 작은 물고기가 어떻게 생존하고 성장할 수 있는지 그 전략을 살펴볼 것입니다. 많은 사람들이 레드오션을 피하려 하지만, 이미 검증된 시장이라는 장점이 있습니다. 여기서는 다른 경쟁자들의 성공과 실패를 무료로 배우며 자신만의 차별화 포인트를 찾을 수 있습니다.

실패 후 재기의 여정에서 또 하나 중요한 것은 혼자가 아닌 함께 걷는 것입니다. 인적 자원 네트워크를 구축하고, 멘토를 찾고, 같은 목표를 향해 나아가는 사람들과 연결되는 법도 배울 것입니다. 실패 이야기를 나누며 더 깊은 관계를 맺을 때, 우리는 더 빠르게 성장할 수 있습니다.

실패의 경험은 헛된 것이 아닙니다. 그것은 앞으로의 성공을 위한 값진 자산이 될 수 있습니다. 우리가 반복적인 실패의 순환에서 벗어나 진정한 성장으로 나아가기 위해서는 회복과 성찰을 넘어 몸과 마음에 각인되어 있는 마인드셋이 필요합니다.

이 3단계를 통해 여러분은 단순히 실패를 극복하는 데 그치지 않고, 실패의 경험을 발판 삼아 더 큰 성장을 이루는 지혜를 얻게 될 것입니다.

★

실패를 이기는 소수의 마인드셋

★

실패를 이기는 사람은, 생각부터 다르다.

실패 극복의 성패를 가르는 결정적인 요소 중 하나는 바로 당신의 마인드셋입니다. 실패 후 재기의 여정에서 가장 먼저 점검하고 단련해야 할 것은 바로 이 '생각의 힘'입니다. 아무리 좋은 환경과 기회가 주어져도, 마음가짐이 준비되지 않으면 다시 일어서기 어렵습니다.

창업을 결심했을 때, 주변에서 "그거 안 될 거야"라는 말을 들어본 적 있나요? 이런 부정적인 목소리는 당신의 여정에서 마주하는 첫 번째 장애물일 수 있습니다. 흥미로운 사실은 이런 말을 하는 사람들이 대부분 직접 사업을 해본 경험이 없다는 것입니다. 그들의 부정적인 반응은 당신이나 당신의 아이디어에 대한 것이 아니라, 그들 자신의 두려움과 불안에 대한 표현일 뿐입니다.

제가 첫 사업을 시작했을 때도 비슷한 경험을 했습니다. 친한 친구들조차 "그 사업은 경쟁이 너무 심해", "지금 경기가 안 좋은데…" 같은 부정적인 말들로 가득했습니다. 그때 저는 이런 말을 하는 이유를 깨닫지 못 했지만, 사실은 그들이 스스로 도전하지 못하는 두려움의 투영이라는 것을 깨달았습니다.

또한 문제를 바라보는 관점에 따라 결과가 달라집니다. "이건 왜 안 될까?"라고 물으면 장애물에 집중하게 되지만, "어떻게 하면 될까?"라고 물으면 자연스럽게 해결책을 찾게 됩니다. 같은 상황에서도 될 이유를 찾는 사람은 더 많은 가능성을 발견할 수 있습니다. 우리의 뇌는 우리가 던지는 질문에 답하도록 프로그래밍되어 있습니다. 질문을 바꾸면 답도 바뀝니다.

빚더미에 앉았을 때, 저는 처음에 "왜 이런 일이 나에게 일어났지?"라는 질문만 반복했습니다. 그런 질문은 자책과 후회만 가져왔죠. 하지만 질문을 "이 상황에서 어떻게 한 걸음이라도 나아갈 수 있을까?"로 바꾸었을 때, 비로소 작은 해결책들이 보이기 시작했습니다. 그 작은 해결책들이 모여 결국 제가 빚을 갚고 다시 일어설 수 있는 길이 되었습니다.

경쟁자가 많아 보여도, 첫 번째 어려움에서 많은 이들이 포기하고, 두 번째 장애물에서 또 다른 이들이 떨어져 나갑니다. 포기하지 않고 계속 나아가는 것만으로도 당신은 많은 경쟁자들을 뒤로 할 수 있습니다. 그 과정이 오히려 높은 진입 장벽을 만들어 더 튼튼한 나만의 사업을 만들 수 있다는 생각의 전환이 사업가의 마인드이고 살아남는 강력한 힘입니다.

이러한 마인드셋을 통해 문제를 기회로 바꾸는 관점의 전환, 그리고 포기하지 않는 힘을 키우는 방법을 배우게 될 것입니다. 이는 단순한 긍정적 사고가 아닌, 실패를 경험한 수많은 도전자들의 실전 경험에서 추출한 실질적인 마인드셋 전략입니다.

실패를 넘어서는 생각의 힘은 당신이 가진 중요한 자산이 될 수 있습니다. 이 여정에서 당신은 혼자만 겪는 문제가 아닙니다. 모든 성장한 도전자들도 한때는 실패와 좌절, 부정적인 목소리와 씨름했습니다. 그들이 어려움을 마주했듯이, 당신도 그 과정을 겪고 있는 것입니다.

그 과정에서 당신의 마인드셋이 당신의 현실에 영향을 줍니다. 변화는 생각에서 시작됩니다. 그리고 그 생각이 작은 행동으로, 그 행동이 습관으로, 그 습관이 결과로 이어집니다. 이것이 실패학의 핵심입니다. 실패를 극복하고, 성공하는 마인드셋을 장착하세요.

모두가 "안 된다" 했지만, 지금은 그들이 내 고객이다

창업을 결심하고 주변에 알렸을 때, 가장 먼저 마주하게 되는 것은 의외로 축하보다는 우려와 걱정의 목소리입니다. "지금 시장이 안 좋은데…", "그 분야는 경쟁이 너무 심해…", "안정적인 직장을 왜 버려?" 이런 반응들은 당신의 열정에 찬물을 끼얹고, 때로는 시작도 하기 전에 포기하게 만듭니다.

하지만 이런 부정적인 목소리가 당신의 여정을 막는 첫 번째 장애물이라면, 그것을 뛰어넘는 법을 배우는 것이 첫 번째 성장의 기회가 될 것입니다. 왜 사람들은 당신의 도전을 반대할까요? 왜 주변 사람들은 도전을 응원하지 않을까요?

인간은 본능적으로 변화와 불확실성을 두려워합니다. 이

는 생존을 위한 본능으로, 위험을 감지하면 경고 신호를 보내는 것입니다. 당신의 가족이나 친구들이 창업이라는 불확실한 도전에 반대하는 것은, 그들 나름대로 당신을 위험에서 보호하려는 마음에서 비롯된 반응일 수 있습니다. 그들은 당신을 걱정하는 마음으로 말하지만, 그 말들이 오히려 당신의 성장을 막는 장벽이 되곤 합니다.

주짓수 관장님의 이야기를 들려드리겠습니다. 그는 LH에서 안정적인 직장을 가지고 있었습니다. 월급이 특별히 높지는 않았지만, 고용 안정성은 보장된 상태였습니다. 하지만 그에게는 그런 삶이 만족스럽지 않았습니다. 20대의 그에게는 집을 사고, 좋은 차를 타고, 여행을 다닐 수 있는 인생이 보이지 않았기 때문입니다.

우연히 다니기 시작한 주짓수 도장에서, 당시 관장님이 열심히 수련하던 그를 보고 "주짓수 도장을 열어보라"고 제안했습니다. 하루에 3~4시간씩 주짓수를 수련하는 그의 열정이 눈에 띄었기 때문입니다. 하지만 처음에는 자신도 없었고, 주변의 모든 사람들—가족, 여자친구, 친구들—이 반대했습니다. "너가 무슨 도장이냐", "안정적인 회사 다녀라"라는 말뿐이었습니다. 어쩌면 그들의 우려는 타당했을지도 모릅니다. 성공할 보장은 없었으니까요.

하지만 그에게는 오기가 생겼습니다. "왜 다들 안 된다고 하지? 나는 잘할 수 있는데!" 당시 관장님은 끈질긴 설득으로 그의 결심을 도왔습니다. 6개월간 최적의 위치를 찾았고, 3,000만 원(그중 2,000원은 대출)으로 도장을 시작했습니다. 그 돈으로는 온풍기를 달기도 힘들 정도로 빠듯했지만, 아이들에게 "관장님이 열심히 돈 벌어서 다 만들어줄게"라며 함께 도장을 키워나갔습니다. 결과적으로 6개월만에 대출을 모두 갚고, 10년 동안 2천 명이 넘는 아이들을 가르치는 성공한 도장을 운영하는 사업가 되었습니다.

계 멘토 형의 이야기는 더욱 극적입니다. 부모님의 사업이 어려워져 힘든 시기를 보냈습니다. 우리가 함께 중국 유학 시절에도, 한국에 돌아온 후에도 형은 금전적으로 정말 어려운 상황이었습니다. 그럼에도 불구하고 형에게는 강한 믿음이 있었습니다. 부모님의 회사를 다시 일으키기 위해 밤낮없이 노력했고, 그 결과 3년 만에 회사는 안정을 찾았습니다.

하지만 형은 거기서 멈추지 않았습니다. 본인만의 사업을 시작하고 싶다고 했을 때, 주변에서는 다들 반대했습니다. 이제 막 안정을 찾은 회사를 두고 새로운 도전을 한다는 것이 무모해 보였기 때문입니다. 그러나 형은 자신의 비전과 능력에 확신이 있었습니다. 그 자신감은 헛된 것이 아니었습니다. 형은 자신의 회사를 시작한 지 7년 만에 수십억 원의 매출을 기록하는 사업체로 성장시켰습니다.

말 수의사인 제 지인의 사례도 인상적입니다. 그녀는 페이닥터(말 수의사)로 일하다가 여러 사정으로 그만두게 되었습니다. 다시 페이닥터로 돌아갈지, 아니면 자신만의 말 동물병원을 개원할지 고민하고 있었습니다. 당시 주변에서는 "너는 아직 경험이 부족하다", "말 시장이 요즘 안 좋다"며 부정적인 목소리를 높였습니다.

하지만 저는 그녀에게 다른 시각을 제시했습니다. "완벽한 순간은 절대 오지 않아. 운영하면서 부족한 부분이 있으면 그때그때 배우고 해결하면 되는 거야. 걱정하지 마, 문제가 생기면 내가 도와줄게." 이러한 응원과 실질적인 도움의 약속이 그녀에게 용기를 주었고, 지금은 안정적인 고객을 확보하며 자신이 진정으로 꿈꾸던 말사업을 준비하고 있습니다. 단순히 생계를 위한 일이 아닌, 자신의 꿈을 향해 나아가는 길을 걷게 된 것입니다.

제 주변에 이런 성장 스토리가 많은 이유는 우연이 아닙니다. 저는 비슷한 생각을 가진 사람들과 의도적으로 함께 하고, 서로 응원하며, 문제가 생기면 해결책을 함께 찾고 성장하려는 마인드를 공유하기 때문입니다. 맹모삼천지교의 정신처럼, 자녀의 성장을 위해 환경을 바꾸듯, 우리도 성장을 위해 주변 환경을 신중하게 선택해야 합니다.

진정으로 도전하는 사람들, 실제로 행동하는 사람들과 함께하세요. 단지 상상만 하고 비판만 하는 사람들 말고요. 당신이 진정으로 앞으로 나아가기 시작하면, 대부분의 사람들은 겉으로는 축하하지만 속으로는 배 아파할 수도 있습니다. 이는 슬픈 현실이지만, 인간의 비교 심리에서 비롯된 자연스러운 반응이기도 합니다.

명심하세요, 당신을 성장시킬 수 있는 사람은 오직 당신뿐입니다. 그 꿈을 이룰 수 있는 유일한 사람이 포기하면, 그 꿈은 영원히 사라집니다. 주변의 부정적인 목소리에 귀기울이기보다, 당신의 내면의 확신을 따르세요. 그리고 당신의 여정을 진심으로 응원하고 지지해줄 사람들을 찾아 그들과 함께하세요. 그것이 실패를 성장으로 바꾸는 전략입니다.

비판적인 사람이 똑똑한 게 아니다

주변을 둘러보면 비판적이고 냉정하며 분석적인 사람들을 쉽게 발견할 수 있습니다. 이들은 높은 학벌, 풍부한 지식, 날카로운 분석력으로 무장하고 당신의 도전에 "현실적인" 의견을 쏟아냅니다. 그리고 사회적으로 이런 비판적인 사람들이 더 똑똑해 보이는 경향이 있습니다.

"창업 성공률은 10%에 불과해", "그 시장은 이미 포화상태야", "대기업도 실패한 분야인데 네가 어떻게 해낼 수 있겠어?"

그들의 말이 틀린 것은 아닙니다. 통계적으로 창업 성공률은 낮고, 시장은 경쟁이 치열합니다. 하지만 그렇다고 도전하지 않는 것이 정답일까요? 결코 그렇지 않습니다.

사업을 시작할 때 이런 "현실적인 조언"들을 들을 때면, 그들의 말이 맞는 것 같았습니다. 하지만 저는 나중에 깨달았습니다. 그들 대부분은 단 한 번도 직접 도전해본 적이 없다는 사실을요.

이런 "헛똑똑이"들이 간과하는 중요한 사실이 있습니다. 우리가 오늘날 누리는 모든 혁신과 발전은 "안 될 거야"라는 목소리를 무시한 도전자들이 만들어낸 것입니다. 아이폰, 컴퓨터, 인공지능, 우버, 에어비앤비, 그리고 우리 일상에 깊숙이 들어온 수많은 프랜차이즈와 서비스들은 모두 "말도 안 되는" 아이디어를 현실로 만든 사람들의 작품입니다.

도전하는 사람을 바보 취급하는 사회는 발전할 수 없습니다. 세상을 바꾸는 것은 항상 "미친 생각"을 실행에 옮긴 사람들이었습니다.

다음에 부정적인 반응을 들을 때는 이렇게 생각해보세요:

"아, 이렇게 세상에 행동하는 사람이 없구나. 내가 성장할 가능성이 더 높아지는구나."

대부분의 사람들이 비판만 하고 실제로 행동하지 않는다는 사실은 오히려 당신에게 기회입니다.

부정적 반응은 사실 당신이 평범함을 벗어나 무언가 다른 시도를 하고 있다는 증거이기도 합니다. 혁신적인 아이디어일수록 초기에 더 많은 반대와 비판을 받는 법입니다. 넷플릭스가 처음 DVD 우편 대여 서비스를 시작했을 때, 많은 사람들이 그 비즈니스 모델을 비웃었습니다. 아마존이 온라인 서점으로 시작했을 때도 "인터넷으로 책을 파는 건 말이 안 된다"는 비판이 많았습니다.

제가 미용 사업을 시작했을 때도 마찬가지였습니다. "너가 미용사도 아니고, 미용 사업도 해본적이 없는데 성공할 수 있겠어?"라는 말을 수없이 들었습니다. 그때 저는 그런 비판을 단순히 무시하는 대신, 그 속에서 배울 점을 찾았습니다. 미용 관련 종사자들이 놓치고 있는 틈새는 무엇일까? 그들이 제공하지 못하는 가치는 무엇일까? 이런 질문을 통해 오히려 저만의 차별화 포인트를 발견할 수 있었죠.

부정적 피드백을 받았을 때는 다음과 같은 질문을 스스로에게 해보세요:

1. 이 사람이 실제로 이 분야에서 직접 경험이 있는가?
2. 이 비판에 구체적인 문제점과 데이터가 있는가, 아니면 그저 막연한 두려움인가?
3. 이 비판이 지적하는 문제는 해결 가능한 것인가?

비판 속에서 실제 해결해야 할 문제와 그저 두려움에서

비롯된 반대를 구분하는 능력을 키우세요. 전자는 당신의 계획을 강화하는 데 도움이 되고, 후자는 과감히 무시해도 좋습니다.

안 된다는 이유를 분석하고, 실제 리스크를 파악하여 그것을 낮출 방법을 찾으세요. "이건 안 돼"라는 말 속에서 "이렇게 하면 될 수 있어"라는 힌트를 발견하는 것입니다. 부정을 긍정으로, 문제를 기회로 바꾸는 사고방식이 진정한 도전자의 사고방식입니다.

마치 이어폰에 필터가 있어 노이즈는 걸러내고 중요한 소리만 들리게 하는 것처럼, 비판의 소음 속에서 가치 있는 정보만 걸러내는 능력을 기르세요. 그것이 실패에서 배우고 성장하는 사람의 중요한 역량 중 하나입니다.

시장 데이터, 경쟁 상황, 리스크 요소는 정보로 활용하되, "넌 안 될 거야"라는 결론은 과감히 무시하세요. 그런 결론은 비판하는 사람의 두려움일 뿐, 당신의 한계가 아닙니다. 통계는 과거의 기록이지, 당신의 미래를 결정짓는 것이 아닙니다.

결국 성장하는 사람은 비판적인 사람이 아니라, 문제 해결에 집중하는 사람입니다. 당신도 그 길을 선택하세요. 비판을 듣되 걸러 듣고, 그 속에서 배움을 찾아 더 나은 방향으로 나아가는 지혜를 키우세요. 진정한 지혜는 모든 것을 비판하는 데 있지 않고, 어려움 속에서도 가능성을 발견하는 데 있습니다.

질문이 달라지면, 실패도 달라진다

동일한 문제를 마주했을 때, 어떤 사람은 좌절하고 포기하는 반면, 어떤 사람은 기회를 발견하고 성장합니다. 이 차이는 단순한 운이나 능력의 차이가 아닌, '문제를 바라보는 관점'과 '어떻게 해결해야할까?'라는 질문에서 비롯됩니다.

지금 부터 문제가 있을 때 질문을 바꿔 보세요. "어떻게 해결하지? 방법이 있을거야!" 그럼 답도 바뀔 수 있습니다.

우리의 뇌는 생각하는 방식대로 현실을 인식합니다. "이건 왜 안 될까?"라고 물으면 뇌는 자동적으로 불가능한 이유를 찾기 시작합니다. 반면 "어떻게 하면 될까?"라고 물으면, 같은 뇌가 가능한 해결책을 찾아 나섭니다. 질문이 바뀌면 답도 바뀝니다. 그리고 사업가에게는 어떤 문제라도 해결하려는 집념과 될 수있는 방법을 다양한 방법으로 찾는 능력이 정말 중요합니다.

저는 큰 실패를 경험하고, "왜 이런 일이 내게 일어났지?"라는 질문이 아닌, "이 상황에서 어떻게 한 걸음이라도 앞으로 나갈 수 있을까?"로 바꾸었을 때, 비로소 작은 가능성들이 보이기 시작했습니다.

사업에서 마주하는 수많은 장애물과 도전은 피할 수 없는 현실입니다. 자금 부족, 경쟁 심화, 시장 변화, 인력 문제 - 이런 문제들은 모든 도전자가 직면하는 일상입니다. 하지만 성장하는 사람들은 이런 문제를 단순히 해결할 수 있고, 극복할 수 있는 장애물도 봅니다.

생각해보세요. 만약 문제가 쉽게 해결된다면, 모든 사람이 그 일을 할 것이고 그 분야는 금방 레드오션이 될 것입니다. 어려운 문제야말로 진입장벽을 만들고, 그것을 해결할 수 있는 사람에게 특별한 기회를 제공합니다.

당신은 1,000개의 NO 속에서 1개의 YES만 보인다

도전의 여정에서 가장 큰 진실 중 하나는 '거절'이 일상이라는 것입니다. 고객의 거절, 투자자의 거절, 파트너의 거절, 심지어 가족과 친구들의 거절까지. 성장한 도전자들의 이야기를 들어보면, 그들은 성공하기 전에 수백, 수천 번의

'NO'를 들었습니다.

    저도 미용용품 사업을 시작했을 때 수많은 거절을 경험했습니다. 처음 제품 샘플을 들고 미용실을 방문했을 때, 대부분의 원장님들은 관심도 보이지 않았습니다. "이미 쓰는 제품이 있어요", "우리 고객들은 브랜드에 민감해요", "신생 업체 제품은 좀…" 이런 반응이 대부분이었죠. 100군데를 방문해도 겨우 2~3곳에서만 관심을 보였습니다. 하지만 그 2~3곳의 반응을 토대로 제품을 개선하고, 마케팅 전략을 수정하면서 조금씩 긍정적인 반응이 늘어났습니다.

    그런데 놀라운 사실은 경쟁이 치열해 보이는 시장에서도 진정으로 끝까지 가는 사람은 극소수라는 점입니다. 90%의 사람들은 열심히 하지 않습니다. 노력한다고 말하지만 실제로 행동하는 사람은 드뭅니다. 그저 해야 할 일을 꾸준히 하는 것만으로도 당신은 이미 대다수의 경쟁자를 뒤로 하고 있습니다.

    정승재 선생님의 통찰력 있는 말씀이 생각납니다.

    "세상에서 90%의 사람들은 열심히 하지 않는다."

이 단순하지만 강력한 진실을 이해한다면, 당신의 성장 가능성은 훨씬 높아집니다.

첫 번째 실패에서 많은 사람들이 포기하고, 두 번째 장애물에서 더 많은 이들이 떨어져 나갑니다. 세 번째, 네 번째 위기에서는 또 다른 경쟁자들이 사라집니다. 단순히 포기하지 않고 계속 나아가는 것만으로도 당신은 상위 그룹을 향해 전진하고 있는 것입니다.

성장의 비밀은 특별한 능력이나 환경이 아닙니다. 그것은 단순히 '계속하는 것'입니다. 1,000개의 NO 속에서도 그 하나의 YES를 찾기 위해 포기하지 않는 힘, 그것이 성장의 핵심입니다.

문제를 기회로 바꾸고 끝까지 가는 힘을 키우기 위해 몇 가지 실천 방법을 소개합니다:

1. 긍정적 질문 습관화하기: 매일 아침 "오늘 어떤 기회를 발견할 수 있을까?"와 같은 긍정적 질문으로 하루를 시작해보세요. 부정적 질문은 제한된 답을, 긍정적 질문은 확장된 가능성을 가져옵니다.
2. 실패 노트 작성하기: 실패나 거절을 경험할 때마다 그것을

기록하고, 거기서 배울 점과 다음에 개선할 점을 적어보세요. 실패를 데이터로 바라보면 감정적 충격이 줄어들고 객관적 분석이 가능해집니다.

3. 작은 승리 축하하기: 큰 목표를 향해 가는 여정에서 작은 성취도 놓치지 말고 축하하세요. 첫 고객, 첫 매출, 첫 긍정적 피드백 – 이런 작은 승리가 큰 끈기의 연료가 됩니다.

4. 해결 중심 사고 연습하기: 문제를 발견했을 때 "왜 이런 일이 일어났지?"보다 "어떻게 이 상황을 더 나은 방향으로 바꿀 수 있을까?"에 집중하는 연습을 하세요.

5. "아직"이라는 단어 활용하기: "나는 못해"가 아니라 "나는 아직 못해"라고 말해보세요. 이 작은 단어 하나가 성장 마인드셋으로의 전환을 도와줍니다.

모든 문제는 해결책을 품고 있습니다. 그리고 모든 거절 뒤에는 배움의 기회가 숨어 있습니다. 긍정적 관점과 끝까지 가는 끈기를 갖춘다면, 어떤 실패도 성장의 디딤돌로 바꿀 수 있습니다.

문제는 존재하기 위해 있는 것이 아니라, 해결되기 위해 존재합니다. 그리고 그 해결책을 찾는 사람이 바로 당신이 될 수 있습니다. 당신의 생각이 현실을 만들고, 당신의 끈기가 그 현실을 지속 가능한 성장으로 이끌 것입니다.

경쟁자는 많아 보였다. 그런데 행동하는 자는 없었다.

한 수학 선생님의 통찰력 있는 말씀에서 영감을 받은 중요한 진실이 있습니다.

"세상에서 90%의 사람들은 열심히 하지 않는다."

이 단순하지만 강력한 진실은 실패를 극복하려는 모든 사람에게 희망의 메시지입니다.

말하는 사람은 많지만 진정한 도전자는 적습니다.

주변을 둘러보세요. 모두가 큰 꿈을 말하고, 성공을 바란다고 이야기합니다. 하지만 실제로 그 꿈을 위해 행동하는 사람은 얼마나 될까요? 대부분의 사람들은 '하고 싶다', '이루고 싶다'고 말하지만, 실제로 '하지 않습니다'.

주변에는 새로운 아이디어, 성공할 것 같은 사업이야기를 하는 사람들이 많습니다. 저는 정말 사업하고 도전하는 사람이 많다고 생각했습니다. 하지만 시간이 지날수록 깨달았습니다. 표면적으로는 많은 경쟁자가 있는 것 같지만, 실제로 행동하는 사람은 극소수라는 사실을요.

직장에서도 이런 현상이 두드러집니다. 많은 직장인들이 회사에 대한 불만을 표현하면서도, 자신의 상황을 개선하기 위해 실제로 행동하는 사람은 극히 드뭅니다. 야근을 하더라도 실제로 생산적인 일에 집중하기보다는 시간을 때우는 경우가 많습니다.

수능 시험에서도 마찬가지입니다. 모든 학생이 열심히 공부한다고 말하지만, 실제로 계획대로 꾸준히 실천하는 학생은 소수에 불과합니다. 많은 학생들이 완벽한 학습 계획을 세우는 데 시간을 소비하지만, 정작 그 계획을 실천하는 데는 소홀합니다.

이 현실을 깨달았을 때, 저는 마음의 부담이 크게 줄어들었습니다. 경쟁자가 너무 많아 보이더라도, 실제로는 그중 대부분이 중간에 포기한다는 사실을 받아들이니 두려움이 희망으로 바뀌었습니다.

"결국 모두가 생각만 한다, 내가 행동한다면 난 실패

극복을 넘어 성공할 수 있다!"

이 깨달음이 저에게 중요한 전환점이 되었습니다.

그리고 행동하는 소수가 가진 심리적 특성에 몇 가지 공통점이 있다는 것을 배웠습니다.

첫째, 그들은 '완벽함의 덫'에서 벗어나 있습니다. 실패를 두려워해 행동을 미루는 대신, 불완전하더라도 시작하는 것이 더 중요하다는 것을 알고 있습니다. 완벽한 계획, 완벽한 타이밍, 완벽한 준비는 환상에 불과하다는 것을 받아들입니다.

둘째, 그들은 '과정'에 초점을 맞춥니다. 거창한 목표나 결과에만 집착하지 않고, 매일의 작은 진전과 배움을 중요하게 여깁니다. 실패했을 때도 "이번에는 실패했어, 다음에는 이렇게 해보자"라는 사고방식을 가집니다.

셋째, 그들은 '회복 탄력성'이 뛰어납니다. 좌절과 실패를 마주했을 때 빠르게 회복하고 다시 일어설 수 있는 정신적 근육을 갖추고 있습니다. 이것은 타고난 특성이 아니라 지속적인 도전과 회복의 과정에서 단련되는 능력입니다.

넷째, 그들은 '그냥 하는거지, 무슨 생각을 해'라는 단순한 마인드를 가지고 있습니다. 하기로 했으니까. 당연한 일이니까. 이런 저런 생각을 하면서 귀찮음과 하기 싫은 마음을 키우는게 아니라 그냥 하는겁니다.

실패는 성장 과정에서 행동은 필수적인 부분입니다. 우리 모두는 걸음마를 배울 때 수백 번 넘어졌습니다. 하지만 그 넘어짐을 실패라고 생각하지 않고, 그저 걷는 법을 배우는 과정으로 받아들였습니다. 사업과 인생의 도전도 마찬가지입니다. 매번 넘어질 때마다 조금씩 배우고, 조금씩 강해지면서 결국에는 걷게 됩니다.

진정한 성취는 넘어진 횟수가 아닌, 다시 일어선 횟수로 결정됩니다. 실패 후에도 계속해서 행동하고, 배우고, 조정하고, 다시 도전하는 과정에서 우리는 성장합니다. 처음부터 완벽하게 할 수 있는 사람은 없습니다. 모든 성공한 도전자들은 수많은 실패와 좌절을 겪었지만, 그 과정에서 포기하지 않고 계속 행동했기 때문에 결국 원하는 바를 이룰 수 있었습니다.

제가 실패에서 일어설 때도 한 번에 모든 것이 해결되지 않았습니다. 매일 작은 행동들을 지속하고, 때로는 넘어져도 다시 일어나 한 걸음씩 나아갔습니다. 그 과정에서 배운 가장 큰 교훈은 '행동하는 한 결국 길은 열린다'는 것이었습니다.

"행동이 말보다 큰 소리로 말한다"는 격언을 기억하세요. 말만하는 다수를 제치고, 행동하는 소수의 마인드셋을 키우세요. 그리고 무엇보다, 포기하지 않고 계속 행동하는 한 당신은 이미 상위 10%를 향해 가고 있다는 사실을 마음에 새기세요.

★

실패하지 않기 위한 현실적인 방법들

★

큰 물에서 작은 물고기로 시작하자

많은 창업가들이 '블루오션'을 꿈꿉니다. 경쟁자가 없는 새로운 시장, 혁신적인 아이디어로 세상을 바꾸는 것. 하지만 현실은 어떨까요? 제 경험에서 배운 중요한 인사이트는 대부분의 성공적인 사업이 이미 존재하는 시장, 이른바 '레드오션'에서 시작된다는 것입니다. 그리고 이것은 실패 확률을 낮추는 현명한 전략이기도 합니다.

'큰 물에서 작은 물고기로 시작하라'는 말의 진정한 의미는 무엇일까요? 1등의 실력과 혁신이 있다면 어떤 시장에서도 성장할 수 있겠지만, 저를 포함한 대부분의 우리는 그렇지 않습니다. 오히려 이미 시장 규모가 형성되어 있어 기본적인 생계(월 200만 원 정도)가 보장되는 레드오션이 더 안전한 선택일 수 있습니다.

치열한 시장은 이미 검증된 기회의 바다입니다.

많은 사람들이 창업할 때 '블루오션'을 찾으려 합니다. 경쟁이 없는 새로운 시장을 발견하면 대박을 칠 수 있다는 환상 때문입니다. 하지만 역설적이게도, 치열한 경쟁 시장인 '레드오션'이 초보 창업자에게 더 안전한 선택일 수 있습니다.

먼저, 경쟁이 치열하다는 것은 그만큼 시장이 검증되었다는 증거입니다. 수많은 경쟁자들이 모여 있다는 것은 그곳에 돈이 있다는 명백한 신호입니다. 소비자 수요가 확실히 존재하고, 상품이나 서비스에 대한 지불 의사가 있다는 것이 이미 증명된 상태입니다. 반면 블루오션은 매력적으로 보이지만, 시장 자체가 존재하지 않을 위험이 있습니다.

둘째, 검증된 시장은 예측 가능성이 높습니다. 소비자의 행동 패턴, 계절적 변동, 시장 규모, 적정 가격대 등이 이미 알려져 있기 때문에 사업 계획을 세우기가 훨씬 쉽습니다. 이런 예측 가능성은 특히 자본이 제한된 소규모 창업자에게 중요합니다. 블루오션은 불확실성이 커서 초기 자금을 모두

날릴 위험이 높습니다.

셋째, 경쟁 시장에서는 기존 인프라를 활용할 수 있습니다. 이미 형성된 유통 채널, 공급망, 서비스 제공자, 마케팅 플랫폼 등을 이용할 수 있어 초기 진입 장벽이 낮습니다. 블루오션에서는 이런 인프라를 처음부터 구축해야 하는 부담이 있습니다.

넷째, 레드오션에서는 '작은 물고기'로 시작해도 생존이 가능합니다. 시장이 충분히 크다면, 처음에는 작은 점유율로도 기본적인 수익을 올릴 수 있습니다. 월 200만 원 정도의 안정적 수입이 가능한 시장에서 시작하여, 점차 경험과 자본을 쌓아가는 것이 현실적인 전략입니다.

빚더미에 앉아 재기를 모색하던 시절, 저에게 가장 필요했던 것은 화려한 미래가 아닌 안정적인 현금 흐름이었습니다. 그때 깨달은 교훈은 '확실한 시장에서 작게 시작하라'는 것이었습니다.

경쟁자에게 배우고, 틈새에서 안정적으로 확장하는 방법

경쟁이 치열한 시장에서 성공하려면 현명한 전략이 필요합니다. 가장 비용 효율적인 방법 두 가지는 경쟁자에게서 무료로 배우는 것과 틈새시장에서 시작하여 점진적으로 확장하는 것입니다.

레드오션의 가장 큰 장점 중 하나는 바로 '살아있는 교과서'가 많다는 점입니다. 같은 시장에서 활동하는 경쟁자들은 이미 수많은 시행착오를 거쳐왔고, 그들의 성공과 실패는 무료로 배울 수 있는 귀중한 교훈입니다. 왜 직접 실패하며 배워야 할까요? 다른 사람들의 실패에서 배우면 더 효율적입니다.

제가 사업을 시작했을 때도 동일한 전략을 적용했습니다. 먼저 이미 존재하는 레드오션 시장에서 경쟁사들의 제품, 가격, 마케팅 전략, 유통 방식 등을 철저히 분석했습니다. 그들의 강점은 받아들이고, 약점을 보완하는 전략을 세웠죠. 특히 고객 리뷰는 황금과 같은 정보였습니다. 기존 제품에 대한 불만과 개선 요구사항을 파악해 우리 제품에 반영할 수 있었으니까요.

동시에, 처음부터 시장 전체를 상대로 경쟁하려 하지 않았습니다. 거대한 레드오션 시장에서 작은 틈새를 찾아 그곳에 집중했습니다. 전체 시장의 작은 일부분만 차지해도 생존할 수 있는 분야를 신중하게 선택했고, 그 작은 영역 안에서 제품과 서비스에 차별점을 두었습니다.

이런 전략 덕분에 안정적인 수익 파이프라인을 비교적 빠르게 구축할 수 있었습니다. 거대한 시장의 작은 조각만으로도 충분히 생존하고 성장할 수 있다는 것을 직접 경험했습니다. 처음에는 작게 시작했지만, 그 안정적인 기반이 있었기에 점차 다른 영역으로 사업을 확장할 수 있었습니다.

안정적인 기반이 마련된 후에는 점진적 확장을 계획하세요. 첫 번째 틈새에서 안정적인 수익이 발생한다면, 그 다음 단계로 인접 시장이나 관련 제품군으로 확장하는 것이 자연스러운 성장 과정입니다. 저희 회사도 파마약으로 시작해 헤어케어 제품으로 점차 영역을 넓혀갔습니다.

핵심은 처음부터 모든 영역을 장악하려 하지 않는 것입니다. 작지만 깊이 있게 파고들 수 있는 영역을 선택하여 그곳에서 강한 입지를 다진 후, 점진적으로 확장해 나가는 전략이 필요합니다.

평범한 우리가 해야 하는 것은 멋진 블루오션을 찾는 것이 아닙니다. 모두가 모여 사는 레드오션에서 작은 블루오션을 찾아, 한 가지에 집중하여 안정적인 수익 파이프라인을 만든 후, 점차 사업을 다각화하는 것입니다. 이것이 실패 확률을 낮추는 현실적인 전략입니다.

레드오션에서 성공하는 비결은 처음부터 거인과 정면 승부하는 것이 아닙니다. 경쟁자에게서 배우고, 틈새에서 시작하여 자신만의 작은 영역을 먼저 장악한 후, 점진적으로 확장해 나가는 것입니다. 그것이 작은 물고기가 큰 물에서 생존하고 성장하는 지혜입니다.

99% 노력이 아닌 1%의 영감이 중요하다

왜 똑같이 열심히 일하는데 누군가는 성장하고 누군가는 실패할까요? 왜 같은 업종, 비슷한 위치의 가게인데 한 곳은 문전성시를 이루고 다른 곳은 문을 닫을까요? 그 차이는 단순한 운이나 타고난 재능이 아닌, 바로 '1%의 영감'에 있습니다.

성장하는 사업을 위한 진정한 방정식은 '99%의 노력 + 1%의 영감'입니다. 여기서 99%의 노력은 사업의 기본기를 의미합니다. 좋은 제품과 서비스, 청결한 매장, 친절한 응대, 합리적인 가격 - 이 모든 것은 시장에서 살아남기 위한 최소한의 조건일 뿐입니다. 마치 입장권과 같아서, 이것만으로는 시장에 들어갈 자격을 얻을 뿐 성장을 보장하지 않습니다.

기업 규모와 상관없이, 1%의 영감이 있어야 시장에서 살아남고 성장할 기회가 생깁니다. 진정한 차별화는 그 위에 더해지는 1%의 영감에 달려있습니다. 이것이 여러분의 사업을 수많은 경쟁자들 사이에서 돋보이게 하는 결정적 요소입니다. 세계적인 기업들도 1% 영감을 받아 성공한 다양한 사례가 많습니다. 레드불의 디트리히 마테시츠는 태국 여행 중 현지 노동자들이 마시는 에너지 음료에서 영감을 받아 글로벌 에너지 드링크 시장을 창출했고, 스타벅스의 하워드 슐츠는 이탈리아 커피 문화에서 '제3의 공간' 개념을 발전시켰으며, 넷플릭스는 창업자의 비디오 연체료 경험에서 시작해 개인화된 추천 시스템으로 엔터테인먼트 산업을 혁신했습니다. 이케아는 직원의 작은 제안으로 조립식 가구 혁명을 일으켰고, 포켓몬은 창작자의 어린 시절 곤충 수집 경험에서 시작해 글로벌 콘텐츠 제국이 되었습니다.

이런 혁신은 모두 기본기 위에 특별한 영감을 더한 결과물입니다.

99% 노력은 기본기, 실패 극복의 입장권일 뿐입니다.

"열심히 노력하면 성장한다"는 말은 절반만 맞습니다. 열심히 노력하는 것은 필수지만, 그것만으로는 충분하지 않습니다. 여기서 99%의 노력은 단지 시장에서 살아남을 수 있는 기본적인 자격을 부여할 뿐입니다.

미용실을 예로 들어보죠. 대한민국에는 약 100,000개가 넘는 미용실이 있지만, 그중 상위 20%만이 월 1,500만 원 이상의 높은 매출을 올리고 있습니다. 나머지 80%는 왜 그 정도의 성과를 내지 못할까요? 그들도 분명 열심히 일했을 텐데요.

대부분은 기본기를 갖추 었을 것입니다. 미용 스킬, 청결한 매장, 친절한 서비스, 적절한 홍보, 합리적인 가격 - 이런 요소들은 미용실을 운영하기 위한 기본 조건일 뿐입니다. 이런 기본기만으로는 높은 매출을 보장할 수 없습니다. 현재 시장에서 경쟁하는 대부분의 사업자들도 이 정도 수준은 갖추고 있기 때문입니다.

커피숍도 마찬가지입니다. 성장하기 위해서는 제품 품질, 서비스, 위생 관리, 인테리어, 가격 책정, 온라인 존재감 등 기본적인 요소들을 갖춰야 합니다. 이것은 마치 대학 입시에서 수능 최저 기준을 충족하는 것과 같습니다. 그 기준을 통과하지 못하면 아예 경쟁에 참여할 자격조차 얻지 못하지만, 통과했다고 해서 반드시 합격한다는 보장은 없습니다.

저는 실패에서 다시 사업을 준비하던 시절, 처음에는 그저 열심히 일하면 모든 것이 해결될 거라고 믿었죠. 하지만 곧 깨달았습니다. 열심히 일하는 것은 게임에 참여하기 위한 입장권일 뿐이라는 것을요. 진정한 차이를 만드는 것은 그 위에 더해지는 무언가였습니다.

99%의 노력, 즉 기본기를 갖추는 과정은 화려하지 않지만 필수적인 준비 단계입니다. 이 과정에서 중요한 것은 '1% 영감'입니다.

기억하세요. 99%의 노력은 실패하지 않기 위한 필수 조건이지만, 그것만으로는 남들과의 차별화를 이룰 수 없습니다. 이제 우리는 그 위에 더해지는 1%의 영감에 주목해야 합니다.

1%의 영감이 시장을 뒤흔드는 순간들

기본기를 갖추었다면, 이제 필요한 것은 그 결정적인 1%의 영감입니다. 이것이 바로 당신의 비즈니스를 평범함에서 특별함으로 끌어올리는 마법 같은 요소입니다. 그리고 놀랍게도, 이 1%는 반드시 거창하거나 혁신적일 필요가 없습니다. 오히려 작지만 의미 있는 차별화가 더 강력한 효과를 발휘하곤 합니다.

서울의 한 작은 치킨집 사장님은 특별한 영업 전략이나 홍보 없이도 사람들이 줄을 서서 기다리는 가게를 운영하고 있습니다. 그의 비결은 단순했습니다. 매일 특이한 자세로 치킨을 튀기는 그의 뒷모습을 SNS에 올린 것이 시작이었습니다. 장인정신이 담긴 그 모습이 공감을 불러일으켰고, "와! 저렇게 열심히 튀기는 치킨 먹어보고싶다."이라는 사람들의 욕구를 만들었습니다. 기본적인 맛과 서비스는 다른 치킨집과 비슷했지만, 이 작은 차별화 포인트가 엄청난 차이를 만들어냈습니다.

또 다른 예로, 한 동물병원 수의사는 대형 동물(말, 소 등)을 위한 병원을 개업하면서 소동물 병원에서 사용하던 예약 및 사후 관리 시스템을 대폭 도입했습니다. 대동물 의료는 전통적으로 체계적인 시스템이 부족했는데, 그녀는 이 간단한 융합으로 고객 경험을 완전히 바꿔놓았습니다. 치료 후 정기적인 체크업 알림, 디지털 의료 기록 관리, 모바일 예약 시스템 등은 대동물 소유주들에게 획기적인 편의성을 제공했습니다.

왜 1%의 영감이 그렇게 중요할까요? 그것은 오늘날 시장의 현실 때문입니다. 소비자들은 이제 기본적인 품질과 서비스는 당연하게 여깁니다. 선택의 기로에서 소비자의 마음을 움직이는 것은 바로 그 작은 차별화 요소입니다.

중요한 것은 이 1%의 영감이 반드시 제품이나 서비스 자체에만 있을 필요는 없다는 점입니다. 때로는 스토리텔링, 고객 경험, 가치관, 작은 세부사항에 대한 관심이 더 강력한 차별화 요소가 될 수 있습니다.

1%의 영감은 우연히 찾아오지 않습니다. 그것은 관찰하고, 질문하고, 다른 분야에서 배우려는 의식적인 노력의 결과물입니다. 당신도 지금 바로 그 영감을 찾아 나서는 여정을 시작해 보세요.

영감의 원천: 다른 분야와 문화에서 답 찾기

"역사는 반복되고 하늘 아래 새로운 것은 없다" 이 오래된 격언은, 특히 영감을 찾는 여정에서 깊은 의미를 가집니다. 많은 사람들이 완전히 새로운 아이디어, 독창적인 마케팅 전략, 혁신적인 비즈니스 모델을 찾기 위해 고군분투합니다. 하지만 역설적이게도, 진정한 혁신은 대부분 '창조'가 아닌 '재조합'에서 나옵니다.

스티브 잡스의 아이폰을 생각해보세요. 세상을 바꾼 이 혁신적인 제품은 사실 완전히 새로운 발명품이 아니었습니다. 그것은 기존의 휴대폰, MP3 플레이어, 인터넷 브라우저, 카메라 등의 기능을 새롭게 재구성하고, 직관적인 터치스크린 인터페이스로 통합한, 기존 요소들의 창의적인 조합이었습니다. 잡스의 천재성은 새로운 것을 만들어내는 데 있었던 것이 아니라, 다양한 분야의 아이디어를 연결하고 스티브 잡스 만의 디자인으로 재구성하는 능력에 있었습니다.

영감의 진정한 원천은 바로 '다양성'입니다. 다른 산업, 다른 문화, 다른 관점에서 아이디어를 발견하고, 그것을 자신의 분야에 적용할 때 가장 혁신적인 결과물이 탄생합니다. 이것을 '이종 융합(cross-pollination)'이라고 부르는데, 마치 꽃가루가 다른 식물로 옮겨져 새로운 열매를 만들어내는 것과 같습니다.

일본의 신칸센(고속철) 엔지니어들은 날카로운 소음 문

제를 해결하기 위해 철도 업계가 아닌 자연계에서 답을 찾았습니다. 물속에서 소음을 최소화하며 사냥하는 물총새의 부리 모양에서 영감을 얻어 열차의 앞부분을 재설계했고, 이는 소음과 에너지 효율성 문제를 동시에 해결했습니다.

중소 규모의 사업에서도 이종 융합은 강력한 차별화 도구가 될 수 있습니다. 한 소규모 카페 주인은 책과 커피의 조합이라는 흔한 개념을 넘어, 박물관의 큐레이션 방식을 도입했습니다. 매달 특정 주제나 작가를 선정해 관련 책, 음악, 아트워크, 그리고 그 주제에 맞는 특별 메뉴를 함께 제공하는 '큐레이티드 경험'을 만들었고, 이는 지역 내에서 독특한 문화 공간으로 자리 잡았습니다.

저는 실패 후 재기 과정에서 다양한 분야에 관심을 가지기 시작했습니다. 특히 쇠퇴하다가 다시 부활한 브랜드들의 이야기에 집중했죠. 애플, 레고, 버버리 같은 기업들이 위기에서 어떻게 재도약했는지 연구했습니다. 그 과정에서 발견한 아이디어와 전략들은 제 사업에 적용할 수 있는 소중한 영감이 되었습니다.

영감을 얻기 위해서는 의도적으로 다양한 경험을 추구해야 합니다. 다른 업종의 컨퍼런스에 참석하거나, 평소 읽지 않던 분야의 책을 읽거나, 다른 문화권을 여행하는 것도 좋은 방법입니다. 특히 자신의 사업과 전혀 관련 없어 보이는 가게나 서비스를 방문해보세요. 식당을 운영한다면 의류 매장이나 서점, 미용실을 관찰해보세요. 그들의 고객 응대 방식, 공간 활용법, 마케팅 전략에서 적용할 수 있는 아이디어를 발견할 수 있을 것입니다.

실패하지 않기 위한 가장 효과적인 전략 중 하나는 바로 이 경계를 넘나드는 사고방식을 키우는 것입니다. 한 분야에만 깊이 파고드는 전문가가 아니라, 다양한 세계를 탐험하고 연결하는 '르네상스 사람'이 되어보세요. 그곳에서 당신의 실패를 극복하고 성장으로 이끌 1%의 영감을 발견할 것입니다.

일상에서 영감을 발견하는 관찰력 키우는 법

영감은 거창한 곳에서만 찾아오지 않습니다. 오히려 우리의 일상 속 작은 순간에서 가장 실용적이고 강력한 아이디어가 떠오르곤 합니다. 관찰력을 키우면 평범한 일상이 영감의 보물창고로 변합니다.

먼저, '문제 발견자'의 마인드를 가져보세요. 일상의 불편함이나 개선 가능성을 적극적으로 찾아보는 습관을 들이는 것입니다. 매일 5분씩 주변 환경에서 불편한 점이나 개선할 수 있는 부분을 찾아보는 연습을 해보세요. 출퇴근길, 식사 시간, 쇼핑할 때 등 일상 속에서 관찰하고 메모하는 습관이 중요합니다.

두 번째, '왜?'라는 질문을 습관화하세요. 일상적인 것들에 대해 "왜 이렇게 하지?"라고 끊임없이 물어보세요. 특히 "항상 그래왔으니까"라는 답변이 나오는 영역에 주목하세요. 그곳에 혁신의 기회가 있습니다. 한 미용실 원장은 "왜 손님들이 항상 미용실에서 기다려야 할까?"라는 질문을 통해 모바일 대기 시스템을 도입했고, 고객 만족도를 크게 높였습니다.

세 번째, 영감 노트를 만드세요. 스마트폰 메모 앱이나 작은 수첩을 항상 휴대하고, 흥미로운 관찰이나 아이디어를 즉시 기록하는 습관을 들이세요. 기록하지 않으면 90%의 아이디어가 24시간 내에 사라집니다. 아이디어를 기록할 때는 단순히 요점만 적는 것보다 당시의 감정이나 상황도 함께 메모하면 나중에 그 맥락을 더 잘 이해할 수 있습니다.

네 번째, 다른 관점으로 볼 수 있는 '프레임 전환' 능력을 키우세요. 평범한 상황도 다른 각도에서 보면 새로운 가능성이 보입니다. 예를 들어, 식당 대기 시간을 '문제'가 아닌 '추가 판매 기회'로 볼 수 있습니다. 한 베이커리는 빵을 기다리는 시간에 시식 코너와 원두 판매대를 배치해 추가 매출을 올렸습니다.

다섯째, 의도적으로 다른 업종의 가게를 방문해보세요. 여러분의 사업과 전혀 관련 없는 가게나 서비스를 의도적으로 방문해 관찰하는 것입니다. 식당을 운영한다면 옷가게나 서점에 가보세요. 그들이 고객을 응대하는 방식, 공간을 활용하는 방법, 제품을 진열하는 방식 등을 관찰하고 적용할 수 있는 아이디어를 찾아보세요.

마지막으로, 다양한 사람들의 관점을 접하세요. 다른 배경, 경험, 전문성을 가진 사람들과 교류하면 같은 현상도 다른 관점에서 볼 수 있게 됩니다. 이런 다양한 시각은 창의적 아이디어의 원천이 됩니다.

실패한 이후, 저는 이전에는 관심 없던 영역들에 호기심을 가지기 시작했습니다. 예전에는 식당에 가도 그저 밥을 먹기만 했지만, 이제는 공간 활용, 메뉴 구성, 손님들의 동선, 직원 배치까지 관찰하게 되었죠. 이런 관찰력 덕분에 제 사업에 적용할 수 있는 무수한 아이디어를 발견할 수 있었습니다.

일상에서 영감을 찾는 것은 특별한 재능이 아닌, 훈련을 통해 길러지는 능력입니다. 호기심과 관찰력을 바탕으로 평범한 일상 속에서 남들이 보지 못하는 것을 발견하는 습관을 들이세요. 그것이 당신의 사업을 차별화하는 1%의 영감이 될 것입니다.

나의 사업에 적용하는 영감 1%

이제 영감을 찾는 방법도 배웠고 관찰력도 키웠으니, 가장 중요한 단계가 남았습니다. 바로 그 영감을 내 사업에 실제로 적용하는 것이죠. 아무리 멋진 아이디어가 있어도 실제로 해보지 않으면 그냥 생각으로만 끝나버리니까요.

영감을 사업에 적용하는 건 생각보다 간단합니다. 다음 단계를 따라가 보세요:

첫째, 영감을 어디에 적용할지 정해보세요. 내 사업의 어느 부분을 바꾸고 싶은가요? 판매하는 제품이나 서비스 자체를 바꿀 수도 있고, 고객들이 느끼는 경험을 개선할 수도 있습니다. 또는 가게 분위기나 직원들의 서비스 방식을 바꿀 수도 있죠. 한꺼번에 모든 걸 바꾸려 하지 말고, 가장 효과가 클 것 같은 한 부분부터 시작하세요.

둘째, 고객의 입장에서 생각해보세요. 고객이 처음 내 가게나 제품을 알게 되는 순간부터 구매하고 난 후까지 모든 과정을 살펴보세요. 어디가 불편할까? 어디서 더 좋은 경험을 줄 수 있을까? 이런 질문을 통해 개선할 포인트를 찾을 수 있습니다. 예를 들어, 고객이 기다리는 시간, 결제하는 방법, 포장 방식 같은 작은 부분도 중요한 차이를 만들 수 있습니다.

셋째, 작게 시작하세요. 새로운 아이디어는 처음부터 크게 시작하지 말고 작은 실험으로 시작하는 게 좋습니다. 예를 들어 새로운 메뉴를 추가하고 싶다면, 먼저 일주일간 '오늘의 스페셜'로 제공해보고 반응을 살펴보세요. 또는 새 서비스를 몇몇 단골고객에게만 먼저 제공해보는 것도 좋은 방법입니다.

넷째, 결과를 확인하고 계속 개선하세요. 바꾼 것이 실제로 효과가 있는지 계속 체크해야 합니다. 고객들의 반응은 어떤가요? 예상치 못한 문제가 생기지는 않았나요? 더 좋게 만들 방법은 없을까요? 이렇게 계속 관찰하고 조금씩 더 좋게 만들어 나가는 게 중요합니다.

제가 재기 과정에서 적용한 1%의 영감은 '고객과의 소통 방식'이었습니다. 일반적인 판매 중심의 접근법 대신, 저는 제품에 담긴 이야기와 제품이 고객의 일상에 어떤 가치를 더할 수 있는지에 초점을 맞췄습니다. 단순히 '좋은 제품'이 아닌, '당신의 하루를 더 나은 방향으로 바꿔줄 제품'으로 프레임을 전환한 것이죠. 이 작은 차이가 고객과의 관계를 완전히 바꾸었고, 재구매율이 현저히 높아졌습니다.

영감의 1%를 적용하는 건 끝나지 않는 여정입니다. 성장하는 사업가들은 한 번의 변화에 만족하지 않고 계속해서 관찰하고 개선하는 과정을 반복합니다. 여러분도 일상에서 발견한 작은 영감들을 여러분의 사업에 하나씩 적용해보세요. 그것이 실패하지 않는 사업의 비결입니다.

★
혼자가 아닌 함께 실패를 극복하는 방법
★

실패 후 인간관계는 정말 중요하다

실패를 겪은 후에 가장 어려운 것 중 하나는 다시 사람들을 만나는 일입니다. "무슨 얼굴로 사람들을 만나지?"라는 생각이 들기 마련이죠. 하지만 인간은 본질적으로 사회적 동물입니다. 혼자서는 볼 수 없는 사각지대가 있고, 혼자서는 해결할 수 없는 문제들이 있습니다.

실패 후에 사람들과 다시 관계를 맺는 것은 정말 어렵습니다. 저 역시 경험해 보았기에 잘 압니다. 사업이 무너지고, 큰 돈을 잃고, 혹은 중요한 기회를 놓친 후에는 누군가를 만나고 싶은 마음이 들기는커녕, 사람들의 연락을 피하게 됩니다. 저는 1달 가까이 가족들에게조차 연락하지 않았습니다. 모든 메시지와 전화를 무시하고, 그저 혼자 있고 싶었죠. 왜냐면 사람을 만날 돈조차 없었습니다.

"무슨 얼굴로 만나지?", "어떤 이야기를 해야 할지 모르겠어…", "나를 실패자로 볼 텐데…" 이런 생각들이 머릿속을 지배합니다. 특히 성공했을 때 주변에 모여들었던 사람들이 하나둘 사라지는 것을 경험하면, 인간관계 자체에 대한 회의감까지 느끼게 됩니다.

하지만 역설적이게도, 실패 후에 정말 필요한 것이 바로 사람들과의 관계입니다. 왜냐하면 혼자 있을수록 생각의 늪에 빠지기 쉽고, 부정적인 감정이 더 강해지기 때문입니다. 인간은 근본적으로 사회적 동물이기에, 고립은 회복을 더디게 만듭니다.

실패학 1단계에서 함께하는 운동을 권했던 이유도 여기에 있습니다. 운동은 단순히 몸과 마음을 회복하는 것을 넘어, 지위나 부와 상관없이 사람들과 자연스럽게 연결되는 첫 단계이기도 합니다.

사업, 돈, 지위와 상관없이 순수하게 연결될 수 있는 환경이 필요하기 때문입니다. 운동 모임에서는 누구나 땀을 흘리고, 서로 응원하며, 함께 목표를 향해 나아갑니다. 이런 환경에서는 "성공한 사람"과 "실패한 사람"이라는 구분이 없습니다. 그저 같은 취미를 즐기는 동료일 뿐이죠.

이런 운동이나 작은 모임에서 얻는 작은 성취감과 소속감이 자신감 회복의 첫걸음이 됩니다. 달리기 기록이 조금 단축되었다거나, 요가 동작 하나를 제대로 마스터했다거나 하는 작은 성공들이 쌓이면서 "나도 할 수 있다"는 자신감이 생깁니다. 그리고 이 자신감은 사람과의 관계 회복으로 확장됩니다.

저는 주짓수를 시작하고 스파링을 하면서 함께 운동하는 분들의 스타일을 파악하면서, 처음에는 할 수 없었던 기술을 하나씩 연습하고 사용했습니다. 그날 저는 오랜만에 뿌듯함을 느꼈고, 함께 운동하는 사람들과 기술 이야기를 하면서 친해졌고, 관계도 넓어지면서 도움을 많이 받았습니다. 함께 운동하는 분들 중 관장님은 동업자가 되었고, 형사 형님은 제가 형사고소로 힘들 때 도움을 주었고, 또 제품의 헤어 모델도 도장에서 찾았습니다. 세상에 돈으로 만들 수 없는 관계들이 있습니다. 그리고 그 관계는 실패로 모든걸 포기하고 싶은 상황에서 힘이 되어주고, 때로는 삶의 이유가 되기도 합니다.

이렇게 소중한 관계들은 우리가 실패의 늪에서 빠져나올 수 있는 든든한 밧줄이 됩니다. 혼자서는 할 수 없는 일도, 누군가의 손을 잡고 함께라면 가능해집니다. 실패 후 관계를 회복하고 새로운 인연을 맺는 과정은 고통스러울 수 있지만, 그 끝에는 더 깊고 진정성 있는 관계가 기다리고 있습니다. 결국 우리는 홀로 성공하는 것이 아니라, 함께 성장하는 것임을 기억해야 합니다.

가장 단단한 회복은 사람 안에서 시작된다

생각해 보세요. 우리가 겪는 대부분의 실패는 결국 사회 속에서 살아가기 위한 요소들과 관련이 있습니다. 돈, 직업, 관계… 이 모든 것은 사회적 삶의 일부입니다. 그런데 사람들과의 네트워크가 없다면, 실패에서 일어나도 목적과 의미를 찾기 어렵습니다.

맛있는 식당을 발견해도 함께 갈 친구가 없다면, 좋은 차를 사도 자랑할 사람이 없다면, 아름다운 여행지를 가도 추억을 나눌 사람이 없다면 무슨 의미가 있을까요? 인생의 기쁨과 슬픔, 성공과 실패는 나눌 때 더 의미가 있습니다.

저는 실패 후 재기 과정에서 새로운 사업 아이디어가 떠올랐을 때, 그것을 나눌 사람이 있다는 것이 얼마나 행복하고 감사한 일인지 깨달았습니다. 아이디어를 검증해줄 사람, 피드백을 줄 사람, 그리고 무엇보다 "한번 해봐, 잘 될 거야"라고 말해줄 사람의 존재는 실패의 두려움을 넘어설 수 있는 힘을 줍니다.

실패 후 관계 회복은 거창한 네트워킹 행사나 비즈니스 모임에서 시작할 필요가 없습니다. 오히려 그런 자리는 더 큰 부담과 비교를 가져올 수 있습니다. 가장 먼저 할 일은 부담 없이 만날 수 있는 소수의 사람들과 작은 연결을 시작하는 것입니다.

처음에는 가족이나 오랜 친구, 종교, 운동, 소모임등 조건 없이 당신을 지지해줄 수 있는 사람들과 만나세요. 그리고 점차 취미 활동이나 관심사를 중심으로 한 모임으로 관계의 폭을 넓혀가는 것이 좋습니다. 이런 환경에서는 당신의 과거나 직업적 성취보다 현재의 공유된 관심사가 더 중요하기 때문입니다.

저는 주짓수를 시작한 후, 점차 러닝 모임, 독서 모임으로 관계의 폭을 넓혀갔습니다. 그곳에서 만난 다양한 배경을 가진 사람들은 나중에 인생과 사업의 소중한 파트너가 되었습니다. 이런 모임에서 얻은 자신감과 소속감은 제가 다시 비즈니스 네트워크를 구축할 수 있는 기반이 되었습니다..

실패 후 회복의 지혜로운 첫걸음은 자신감을 회복하고 관계의 폭을 점진적으로 넓혀가는 것입니다. 혼자서 모든 것을 극복하려 하지 마세요. 함께할 때 우리는 더 빨리 일어서고, 더 멀리 갈 수 있습니다.

천천히 관계를 넓히기

실패 후 사회적 연결의 첫 단계로 운동 모임을 시작했다면, 이제는 더 의미 있는 관계망으로 확장해 나갈 시간입니다. 이 과정은 자연스럽게 단계적으로 이루어지는 것이 중요합니다. 마치 물이 얕은 곳에서 시작해 점차 깊은 곳으로 나아가듯, 관계의 깊이와 목적성도 점진적으로 발전시켜 나가는 것이 좋습니다. 너무 빨리 깊은 관계를 맺으려 하면 오히려 부담과 실망이 커질 수 있으니, 자신의 페이스에 맞게 조금씩 확장해 나가세요.

관계망을 넓히는 과정에서 가장 중요한 것은 진정성입니다. 단순히 인맥을 쌓기 위한 관계부터, 서로에게 도움이 되고 함께 성장할 수 있는 관계도 추구하세요. 이러한 진정성 있는 관계가 쌓일 때, 그것은 단순한 네트워크를 넘어 당신의 회복과 성장을 지원하는 단단한 공동체로 발전할 것입니다.

취미 모임에서 시작하기

운동만이 시작점은 아닙니다. 독서모임, 영화 감상 클럽, 요리 교실, 그림 그리기, 음악 감상회 등 자신이 즐거움을 느낄 수 있는 어떤 취미든 좋은 출발점이 될 수 있습니다. 중요한 것은 돈, 지위, 성공과 같은 사회적 가치가 크게 중요하지 않은 환경을 선택하는 것입니다.

취미 활동을 선택할 때는 진정으로 즐길 수 있는 것을 고르는 것이 중요합니다. 남들이 많이 한다고, 트렌디하다고 선택하기보다는 정말 자신이 관심 있고 흥미를 느끼는 활동을 찾아보세요. 어린 시절 좋아했던 취미나 항상 배우고 싶었지만 미뤄두었던 활동을 시작하는 것도 좋은 방법입니다. 자신이 진심으로 즐기는 모습은 다른 사람들과의 자연스러운 교류를 가능하게 합니다.

요즘은 다양한 취미 모임을 찾기가 훨씬 쉬워졌습니다.

소모임 어플리케이션, 당근 동호회 등을 통해 자신의 관심사에 맞는 모임을 쉽게 찾을 수 있습니다. 처음부터 적극적으로 참여하기 부담스럽다면, 먼저 온라인 커뮤니티에서 시작해서 점차 오프라인 모임으로 확장해나가는 것도 좋은 전략입니다. 이런 모임은 서로의 배경보다는 공통의 관심사에 초점을 맞추기 때문에, 실패 후의 부담감 없이 관계를 시작하기 좋습니다.

취미 모임의 또 다른 장점은 '성취감'입니다. 새로운 기술을 익히거나 작품을 만들어내는 과정에서 얻는 소소한 성취감은 실패로 인해 손상된 자존감을 회복하는 데 큰 도움이 됩니다. 작은 성취의 경험이 쌓이면서 "나는 여전히 무언가를 배우고 성장할 수 있다"는 자신감이 생겼고, 이것이 다른 영역에도 긍정적인 영향을 미쳤습니다.

함께 배우는 모임으로 발전하기

취미 모임을 통해 사회적 연결의 기본을 회복했다면, 이제는 자신의 성장에 도움이 되는 학습 중심 모임으로 관계망을 확장해 보세요. 새로운 기술을 배우는 강좌, 전문 지식을 나누는 스터디 그룹, 자기계발 워크숍 등이 여기에 해당합니다.

이 단계에서는 단순한 흥미를 넘어, 미래의 성장과 발전을 위한 실질적인 지식과 기술을 습득하는 데 중점을 둡니다. 현재 자신에게 필요한 역량이 무엇인지 생각해보고, 그에 맞는 학습 커뮤니티를 찾아보세요. 예를 들어, 디지털 마케팅에 관심이 있다면 관련 강의나 스터디 그룹에 참여할 수 있고, 창업을 계획 중이라면 창업 준비생들의 스터디 모임을 찾아볼 수 있습니다.

주짓수를 통해 자신감을 회복한 후, 저는 독서모임과 디지털 노마드 소모임에 참여하기 시작했습니다. 처음에는 실패한 사람이라는 사실을 공개하기가 두려웠지만, 용기를 내어 제 경험을 솔직하게 나눴습니다. 놀랍게도 많은 사람들이 제 이야기에 공감했고, 그중에는 비슷한 실패를 경험했던 분들도 있었습니다. 우리는 서로의 경험에서 배우며, 함께 성장하는 관계로 발전했습니다.

이런 모임의 가치는 단순한 친목을 넘어 실질적인 성장에 있습니다. 모두가 '배우는 사람'이라는 동등한 위치에서 만나 서로의 지식과 경험을 나누며, 함께 발전해 나갑니다. 비슷한 목표를 향해 노력하는 사람들과 함께하면 동기부여도 자연스럽게 유지됩니다. 혼자 공부할 때는 쉽게 나태해지거나 포기할 수 있지만, 함께 배우는 환경에서는 서로를 격려하고 책임감을 느끼게 되어 지속적인 성장이 가능합니다. 새로운 지식과 기술을 습득하는 것은 미래의 도전을 위한 중요한 자산이 될 것입니다.

종교 커뮤니티도 좋은 선택지가 될 수 있습니다. 종교는 사람들이 물질적 가치를 넘어 서로를 존중하고 배려하는 환경을 만들어줍니다. 영적 성장을 추구하는 과정에서 자연스럽게 내면의 상처를 치유하고, 삶의 의미와 목적을 재발견할 수 있습니다. 비록 모든 관계가 완벽히 진정성 있지는 않더라도, 나의 이야기를 들어주고 공감해주는 사람들을 만나는 것은 회복 과정에서 큰 힘이 됩니다. 또한 다양한 직업과 배경을 가진 사람들이 모이기 때문에 새로운 관점과 유용한 조언을 얻을 수 있는 장점도 있습니다.

같은 목표를 가진 모임으로 확장하기

취미와 학습을 통해 자신감과 관계 형성 능력을 회복했다면, 이제는 더 구체적인 목표를 공유하는 커뮤니티를 찾아보세요. 창업가 모임, 직종별 전문가 그룹, 프로젝트 팀, 업계 포럼 등이 여기에 해당합니다.

이 단계에서는 단순히 관계를 맺는 것을 넘어, 자신의 경력과 미래에 직접적인 도움이 되는 네트워크를 구축하는 데 초점을 맞춥니다. 같은 분야에서 활동하거나 비슷한 목표를 향해 나아가는 사람들과의 연결은 실질적인 정보 교환, 협업 기회, 심지어 새로운 직업이나 사업 기회로 이어질 수 있습니다.

저는 디지털 노마드 모임을 통해 만난 분들과 함께 작은 정부 프로젝트 팀을 꾸리게 되었습니다. 우리는 각자의 강점을 활용해 소규모 마케팅 컨설팅을 시작했고, 이 경험이 나중에 제가 새로운 사업을 시작하는 데 큰 도움이 되었습니다. 무엇보다 중요한 것은 이 과정에서 다양한 분야의 지식과 인맥을 얻게 되었다는 점입니다. 그들은 제가 어려운 결정을 내릴 때 조언을 구할 수 있는 소중한 존재가 되었습니다.

목적 지향적 커뮤니티의 종류는 매우 다양합니다. 오프라인 모임뿐만 아니라 온라인 플랫폼을 통해서도 전 세계의 전문가들과 연결될 수 있습니다. 자신의 분야와 관련된 커뮤니티를 적극적으로 탐색해 보세요. 이런 공간에서는 최신 트렌드, 업계 소식, 구인 정보 등 유용한 정보를 얻을 수 있으며, 필요할 때 조언을 구할 수 있는 전문가 네트워크를 형성할 수 있습니다.

이런 목적 지향적 커뮤니티에서는 비슷한 도전과 어려움을 겪는 사람들과 연결되어, 실질적인 정보와 기회를 얻을 수 있습니다. 자신의 실패 경험도 이런 모임에서는 오히려 값진 교훈으로 공유될 수 있습니다. 실패로부터 배운 교훈은 다른 사람들에게 중요한 인사이트를 제공할 수 있으며, 이를 통해 당신의 가치를 인정받을 수 있습니다.

넓게 맺고, 깊게 연결하라

관계망을 단계적으로 넓혀가는 과정에서 몇 가지 중요한 원칙을 알려드리고 싶습니다. 이 원칙들은 제가 실패 후 재기 과정에서 직접 경험하고 배운 것들입니다.

첫째, 진정성을 유지하세요. 모든 관계에서 가장 중요한 것은 진실된 자신을 보여주는 것입니다. 자신의 실패와 약점을 완전히 숨기려 하면 오히려 더 큰 스트레스와 고립감을 느끼게 됩니다. 물론 처음 만나는 사람에게 모든 것을 다

털어놓을 필요는 없지만, 관계가 깊어질수록 진솔한 모습을 보여주는 것이 중요합니다.

둘째, 주는 것에 초점을 맞추세요. 특히 실패 후에는 '내가 무엇을 얻을 수 있을까'에 집중하기 쉽습니다. 하지만 진정한 관계는 주고받는 것이어야 합니다. 다른 사람에게 어떤 가치를 제공할 수 있는지 생각해보세요. 그것이 경험에서 우러나온 조언이든, 작은 도움이든, 진심 어린 격려든 상관없습니다. 주는 삶은 당신에게도 더 큰 만족감과 자존감을 선물할 것입니다.

셋째, 인내심을 가지세요. 의미 있는 관계는 하루아침에 만들어지지 않습니다. 특히 실패를 경험한 후에는 신뢰를 쌓는 데 더 많은 시간이 필요할 수 있습니다. 조급해하지 말고, 관계가 자연스럽게 발전할 수 있도록 여유를 가지세요.

넷째, 모든 관계에 동등하게 투자하려 하지 마세요. 에너지와 시간은 한정되어 있으므로, 당신에게 진정한 가치를 주는 관계에 더 집중하는 것이 현명합니다. 이것은 이기적인 것이 아니라, 자원을 효율적으로 활용하는 지혜입니다.

다섯째, 온라인과 오프라인 관계를 균형 있게 발전시키세요. 디지털 시대에는 온라인을 통한 네트워킹도 매우 중요합니다. 하지만 가능하다면 온라인에서 시작된 관계도 점차 오프라인 만남으로 발전시켜 나가는 것이 관계의 깊이를 더할 수 있습니다.

관계망을 넓혀가는 과정은 실패 극복의 여정에서 가장 보람 있는 부분 중 하나입니다. 처음에는 두렵고 어색하겠지만, 한 걸음씩 나아가다 보면 어느새 당신은 소중한 사람들로 둘러싸인 자신을 발견하게 될 것입니다. 혼자서는 불가능한 회복과 성장이, 함께라면 가능해집니다.

★

멘토 만들기

★

멘토가 필요한 이유

30대가 되기 전까지 저도 멘토가 필요하다는 생각을 하지 못했습니다. "나는 혼자서도 잘 할 수 있어"라는 오만한 생각이 있었죠. 많은 사람들이 이런 독립적인 마인드를 가지고 있지만, 시간이 지날수록 깨닫게 됩니다. 인생의 여정에서 앞서 걸어간 이들의 지혜를 배우는 것은 생각보다 훨씬 중요하다는 것을요.

특히 실패 후의 재기 과정에서는 멘토의 존재가 더욱 중요합니다. 멘토는 단순한 조언자 이상의 존재입니다. 그들은 당신이 가야 할 길을 이미 걸어본 경험자로서, 그 길에 있는 함정과 지름길을 알고 있습니다. 혼자서 모든 것을 시행착오로 배우려면 엄청난 시간과 에너지, 그리고 감정적 소모가 필요합니다. 하지만 좋은 멘토가 있다면, 그들의 경험에서 배움으로써 많은 어려움을 피하거나 더 효과적으로 대처할 수 있습니다.

제가 빚을 지고 막막하던 시절, 저의 멘토이자, 사업가인 형이 제게 해준 이야기가 있습니다.

> "실패는 끝이 아니라 경험이다. 그리고 그 경험은 다음 도전에서 너의 가장 큰 자산이 될 것이다."

그 당시에는 그저 위로의 말로만 들렸지만, 지금 돌이켜 보면 그 말이 담긴 깊은 통찰을 이해할 수 있습니다. 그분은 제게 단순한 격려를 넘어, 실패를 바라보는 관점 자체를 바꿔주셨습니다.

멘토가 있다는 것은 혼자 운동하는 것과 전문 코치의 지도를 받는 것의 차이와 같습니다. 코치는 당신이 보지 못하는 자세의 오류를 잡아주고, 효율적인 훈련 방법을 알려주며, 슬럼프에 빠졌을 때 극복하는 방법을 조언해 줍니다. 마찬가지로 인생의 멘토는 당신이 보지 못하는 사각지대를 알려주고, 시행착오를 줄여주며, 실패에서 빠르게 회복하는 방법을 조언해줄 수 있습니다.

비슷한 실패를 경험하고 그것을 극복한 멘토는 당신에게 큰 위로와 희망이 되어줄 것입니다. "나도 그런 실패를 겪었지만, 이렇게 극복했어"라는 멘토의 이야기는 단순한 동기부여 영상이나 책보다 훨씬 강력한 영향력을 발휘합니다. 왜냐하면 그것은 추상적인 조언이 아닌, 살아있는 증거이기 때문입니다.

나의 분야에서 최고인 사람을 찾아가기

멘토의 종류는 다양합니다. 동기부여와 멘탈 강화를 도와줄 멘토, 마케팅 전략을 조언해줄 멘토, 인생의 지혜를 나눠줄 멘토, 창업이나 사업의 노하우를 알려줄 멘토 등 여러 영역에서 다양한 멘토가 있으면 좋습니다. 실패에서 일어나 다시 도전하는 과정은 많은 정신력과 에너지를 소모하기 때문입니다.

물론 여러 분야에 모든 멘토를 두는 것은 현실적으로 어렵습니다. 그렇기 때문에 우선순위를 정하는 것이 중요합니다. 본인이 가장 존경할 수 있는 사람, 또는 도전하려는 분야에서 최고로 인정받는 사람을 멘토로 삼는 것이 효과적입니다. 그들의 성공 과정과 실패 극복 사례를 배움으로써 자신의 길을 더 명확히 볼 수 있습니다.

제가 새로운 사업을 준비할 때, 그 분야에서 두각을 나타내고 있는 창업자를 찾아가 조언을 구했습니다. 처음에는 막연한 두려움이 있었습니다. '바쁜 사람을 귀찮게 하는 건 아닐까?', '거절당하면 어쩌지?' 하는 생각들이었죠. 하지만 용기를 내어 연락했고, 놀랍게도 그분은 기꺼이 시간을 내주셨습니다. 그분의 조언은 제가 피할 수 있었던 많은 실수를 미리 알려주었고, 그것만으로도 엄청난 시간과 비용을 절약할 수 있었습니다.

중요한 것은 꼭 대화를 나눌 수 있는 위치에 있는 멘토도 만들어야 한다는 점입니다. 유명한 CEO나 작가의 책을 통해 간접적으로 배우는 것도 물론 가치 있지만, 현실에서 직접 대화하고 질문하고 조언을 받을 수 있는 '살아있는 멘토'가 반드시 필요합니다. 이런 멘토는 당신의 구체적인 상황에 맞는 맞춤형 조언을 해줄 수 있고, 실시간으로 피드백을 주고받을 수 있기 때문입니다.

가까운 지인이나 가족 중에 멘토가 될 만한 사람이 있다면 좋겠지만, 없다면 적극적으로 찾아 나서야 합니다. 이것은 농담이 아닌 진심 어린 조언입니다. 방구석에 앉아서 멘토가 찾아오기를 기다리지 마세요. 직접 찾아가고, 연락하고, 도움을 청하세요. 세상에 자신의 지식과 노하우를 그냥 나눠주는 사람은 없습니다. 당신이 불쌍하다고 도와줄 이유도 없습니다.

멘토를 찾을 때는 절박함을 보여주는 것이 중요합니다. "당신의 지식이 간절히 필요합니다", "당신처럼 되고 싶습니다"라는 진정성 있는 태도가 필요합니다. 동시에 멘토에게도 가치를 제공할 수 있어야 합니다. 그것이 미래의 성과를 통한 뿌듯함이든, 당신의 서비스나 노동이든, 혹은 현실적인 수업료나 비용이든 상관없습니다. 중요한 것은 이 관계가 일방적인 것이 아니라 상호 이익이 되어야 한다는 점입니다. 세상에 공짜는 없고, 연민으로 도와주는 것도 한두 번이면 끝납니다. 절박함을 가지고 접근하세요.

온라인에서 멘토 찾기

디지털 시대에는 온라인을 통한 멘토링도 매우 효과적입니다. 물론 경험 없이 말만 하는 어설픈 강사들도 많지만,

실제로 회사를 운영하고 성과를 내는 진짜 전문가들도 온라인에서 활동합니다. 이런 멘토를 찾았다면, 온라인이라도 지속적으로 연락하고 그들의 강의나 콘텐츠를 꾸준히 따라가세요.

멘토의 가장 큰 강점은 실패에서 일어나는 과정에서 겪는 엄청난 고난 속에서 그 길을 이미 걸어본 경험입니다. 그들은 당신이 지금 겪고 있는 어려움을 이미 경험했고, 어떻게 극복했는지 알고 있습니다. 이런 경험은 어떤 책이나 이론보다 값진 자산입니다.

온라인에서 멘토를 찾을 때는 소셜 미디어, 전문 포럼, 온라인 강의 플랫폼 등을 활용할 수 있습니다. 저는 SNS 마케팅이나, 제품 브랜딩에 온라인 창업 커뮤니티에서 큰 도움을 받았습니다. 용기를 내어 커뮤니티 내에 전문가분에게 질문을 남겼습니다. 감사하게도, 그분은 제게 귀중한 조언을 아끼지 않았습니다.

온라인에서 멘토와의 관계를 시작할 때는 작은 질문이나 감사의 메시지로 시작해 점차 관계를 발전시켜 나가는 것이 효과적입니다. 처음부터 큰 도움을 요청하기보다는 그들의 콘텐츠에 진정성 있는 반응을 보이고, 작은 질문으로 시작해 관계를 쌓아가세요. 예를 들어, 그들의 블로그 포스트나 SNS 게시물에 의미 있는 댓글을 달거나, 짧은 이메일로 그들의 콘텐츠가 당신에게 어떤 영향을 미쳤는지 알려주는 것이 좋은 시작점이 될 수 있습니다.

그런 다음, 점차 더 구체적인 질문이나 도움을 요청할 수 있습니다. 이때 중요한 것은 상대방의 시간과 전문성을 존중하는 태도입니다. 질문은 명확하고 구체적이어야 하며, 이미 어느 정도 스스로 고민하고 조사한 내용을 바탕으로 한 것이어야 합니다. "제 사업에 조언해주세요"와 같은 막연한 부탁보다는 "A와 B 전략 중 어떤 것이 더 효과적일지 고민 중인데, 당신의 경험에 비추어 조언을 주실 수 있을까요?"와 같이 구체적인 질문이 더 좋은 반응을 얻을 가능성이 높습니다.

멘토 관계를 발전시키는 방법

멘토를 찾는 것만큼 중요한 것이 그 관계를 지속하고 발전시키는 것입니다. 멘토-멘티 관계는 일회성이 아닌, 시간에 걸쳐 발전하는 관계입니다. 여기 몇 가지 관계 유지와 발전을 위한 팁을 공유합니다:

1. 정기적으로 소통하세요: 3개월에 한 번 정도라도 근황을 알리거나 질문을 하는 등 연락을 유지하세요. 하지만 너무 자주 연락해서 부담을 주지는 마세요.

2. 성과와 진전 상황을 공유하세요: 멘토의 조언을 통해 이룬 성과나 발전 상황을 알려드리는 것은 그들에게 큰 보람을 줍니다. "당신의 조언 덕분에 이런 성과를 냈습니다"라는 메시지는 멘토에게 가장 큰 선물입니다.

3. 감사를 표현하세요: 작은 도움에도 진심으로 감사함을 표현하고, 가끔은 작은 선물이나 손편지로 마음을 전하는 것도 좋습니다.

4. 가치를 돌려줄 방법을 찾으세요: 멘토가 도움이 필요한 부분이 있다면 적극적으로 도움을 제공하세요. 그것이 당신의 전문 영역에서의 도움이든, 단순한 네트워크 연결이든, 정보 공유든 상관없습니다.

5. 기대치를 현실적으로 관리하세요: 멘토도 바쁜 삶을 살고 있다는 것을 이해하고, 모든 질문에 즉각적인 답변을 기대하지 마세요. 인내심을 가지고 관계에 임하세요.

멘토는 단순한 조언자를 넘어 당신의 재기를 위한 든든

한 지원군이 될 수 있습니다. 어쩌면 멘토와의 관계가 당신의 인생을 완전히 바꿔놓을 수도 있습니다. 적극적으로 멘토를 찾고, 그 관계를 소중히 발전시켜 나간다면, 혼자서는 불가능했던 성장과 회복을 경험할 수 있을 것입니다.

실패 후의 여정은 혼자 걷는 길이 아닙니다. 앞서 그 길을 걸어본 멘토들의 지혜와 경험을 등불 삼아, 더 현명하게, 더 빠르게 나아갈 수 있습니다. 그리고 언젠가는 당신도 누군가의 멘토가 되어, 그 지혜의 연결고리를 이어나가게 될 것입니다.

어려움을 나누는 진짜 관계 만들기

실패 후의 회복 과정에서 종종 간과되는 것이 바로 진정한 유대감을 형성하는 일입니다. 우리는 성공 스토리는 쉽게 나누지만, 실패 이야기는 감추려고 합니다. 하지만 역설적이게도 자신의 약점과 실패를 솔직하게 나눌 때 더 깊고 의미 있는 관계가 형성됩니다. 어려울 때 서로 도움을 주고받을 수 있는 관계야말로 진정한 인간관계입니다.

이런 관계를 만드는 것은 결코 쉽지 않습니다. 성격에 따라 자신의 취약한 모습을 드러내는 것이 자연스러운 사람도 있고, 큰 심리적 장벽을 느끼는 사람도 있습니다. 때로는 솔직한 마음을 드러냈다가 상처받거나 배신당할 위험도 있습니다. 그럼에도 불구하고 적어도 몇몇 사람과는 이런 관계를 맺기 위해 노력해보는 것이 좋습니다.

제가 사업 자금이 없어서 고민하던 시기에, 용기를 내어 주짓수 관장님에게 상황을 털어놓았습니다. 처음엔 부끄럽고 두려웠지만, 그 반응은 제 예상과 달랐습니다. 그는 제 상황을 판단하거나 비난하지 않고, 오히려 본인도 몇 년 전에 비슷한 어려움을 겪었다고 이야기 해주었습니다. 그 순간 제 마음의 무거운 짐이 조금 가벼워지는 것을 느꼈습니다. 혼자가 아니라는 느낌, 이해받는다는 느낌이 제게 큰 위로가 되었습니다.

왜냐하면 인생이란 본질적으로 외로운 여정이고, 실패를 겪으면 그 외로움은 더욱 깊어지기 때문입니다. 드라마 '나의 아저씨'에 나오는 '정희네'와 같은 공간을 생각해보세요. 세상에서 작고 실패한 사람들이 모여 있지만, 그곳에는 정이 넘치고 서로를 있는 그대로 받아들이는 따뜻함이 있습니다. 그런 공간, 그런 관계는 치유의 힘을 가집니다.

실패의 경험을 나누는 것은 단순히 푸념을 하거나 위로를 받기 위한 것이 아닙니다. 그것은 자신의 가장 취약한 부분을 드러냄으로써 "이것이 진짜 나입니다"라고 말하는 용기 있는 행동입니다. 그리고 이런 진정성은 다른 사람들도 자신의 진짜 모습을 보여줄 수 있는, 판단 없이 서로를 지지하는 안전한 공간을 만들어 줍니다.

어려울 때 서로 도와주는 관계가 진짜 관계다

성공했을 때 주변에 모였다가, 실패하자 하나둘 떠나는 사람들을 경험해보셨을 것입니다. 이것은 슬픈 현실이지만 동시에 중요한 깨달음을 줍니다. 진짜 관계란 무엇인지 분별할 수 있게 해주기 때문입니다.

진정한 관계는 좋을 때만 함께하는 것이 아니라, 어려울 때 서로 도움을 주고받을 수 있는 관계입니다. 제 주짓수 도장 관장님이 그런 분이셨습니다. 사업적으로 가장 힘든 시기에 그분은 단순한 운동 코치를 넘어, 인생의 동반자가 되어주셨습니다. 제 실패와 두려움을 솔직하게 나눌 수 있었고, 그분 역시 자신의 어려웠던 시절을 진솔하게 이야기해주셨습니다. 그런 교류를 통해 정말 힘든 시간을 견딜 수 있었습니다.

때로는 실패한 경험이 있는 사람만이 주고 받을 수 있는 깊은 위로와 실질적인 조언이 있습니다. 책이나 인터넷에서는 찾을 수 없는, 살아낸 자만이 알 수 있는 지혜입니다. 이런 경험을 공유할 수 있는 관계는 우리 사회에서 매우 귀중합니다.

만약 비슷한 상황에 처한 사람들을 만나게 된다면, 그것은 큰 행운입니다. 함께 성장하는 기회로 삼으세요. 조금 덜 가져가더라도 나누는 삶의 가치를 배울 수 있습니다. 저 역시 성공을 쫒던 시절에는 나누는 삶을 살지 못했습니다. 하지만 실패를 경험하고, 바닥에서 올려다보는 관점을 가져보니 비로소 깨달았습니다. 나누고 함께 성장하는 것이 삶을 진정으로 풍요롭고 행복하게 만든다는 사실을요.

실패는 나눌 때, 비로소 가치가 된다

흥미로운 사실은 실패 경험을 솔직하게 나눌 수 있게 되면, 그 경험이 오히려 당신의 가치가 될 수 있다는 점입니다. 비슷한 어려움을 겪고 있는 다른 사람들에게 당신의 경험은 그 무엇보다 소중한 안내서가 될 수 있기 때문입니다.

저는 빚을 갚아나가는 과정에서 재무관리와 부채 탈출에 관한 많은 것을 배웠습니다. 이 경험을 비슷한 상황에 처한 친구에게 나누었을 때, 그 친구는 제 조언이 전문가의 말보다 훨씬 실용적이고 도움이 되었다고 말했습니다. 왜냐하면 제 조언은 책이나 강의에서 배운 것이 아니라, 직접 경험하고 극복한 과정에서 나온 것이기 때문입니다.

실패 경험을 자산으로 전환하는 과정은 다음과 같습니다:

1. 배움 정리하기: 실패 경험에서 무엇을 배웠는지 구체적으로 정리해 보세요. 어떤 실수를 했는지, 무엇을 다르게 할 수 있었는지, 어떤 징후를 놓쳤는지 등을 생각해 보세요.

2. 경험 나누기: 신뢰할 수 있는 사람들과 이 배움을 나누세요. 처음에는 소규모 그룹이나 일대일로 시작하는 것이 좋습니다.

3. 도움 제공하기: 비슷한 상황에 처한 사람들에게 적극적으로 도움을 제공하세요. 당신의 실패 경험이 다른 사람의 성장을 위한 디딤돌이 될 수 있습니다.

4. 성장의 증거로 삼기: 실패 경험을 숨기지 말고, 그것을 극복한 과정을 당신의 성장과 회복력의 증거로 받아들이세요.

제가 사업 실패 후 재기 과정에서 만난 한 사업가는 이전에 두 번의 큰 실패를 경험했습니다. 하지만 그는 그 실패를 숨기지 않고, 오히려 그것을 통해 배운 교훈을 다른 신생 창업자들과 적극적으로 나눴습니다. 놀랍게도 그의 실패 경험을 들은 많은 투자자들이 오히려 그를 더 신뢰하게 되었고, 결국 그의 새로운 사업에 투자하게 되었습니다.

실패의 이야기를 나눌 수 있는 관계를 한두 명이라도 꼭 만들어보세요. 그런 관계는 단순한 네트워킹을 넘어, 당신의 회복과 성장을 위한 안전한 기반이 되어줄 것입니다. 그리고 언젠가는 당신도 누군가에게 그런 존재가 되어줄 수 있을 것입니다.

우리가 진정으로 성장하는 순간은 혼자 탁월해지는 순간이 아니라, 서로의 약점과 실패를 인정하고 함께 나아가는 순간입니다. 어려울 때 도움을 주고받을 수 있는 진짜 관계를 만들어가는 것. 그것이 실패 극복의 가장 아름답고 지속 가능한 방법입니다.

3단계 마무리

실패를 극복하기 위한 행동 마인드셋 여정의 3단계를 함께 걸어왔습니다. 우리는 "그거 안 될 거야"라는 주변의 부정적 목소리에 흔들리지 않고, 문제를 기회로 바꾸는 관점의 전환, 그리고 1000개의 NO 속에서도 그 하나의 YES를 향해 끝까지 포기하지 않는 힘을 키우는 방법을 배웠습니다.

이 과정에서 '99%의 노력 + 1%의 영감'이라는 성공적인 사업의 진정한 방정식을 이해했습니다. 대부분의 사람들이 기본기(99%)를 갖추고 있다면, 그 위에 더해지는 1%의 영감이 바로 당신의 비즈니스를 평범함에서 특별함으로 끌어올리는 결정적 요소라는 점을 알게 되었습니다.

또한 치열한 레드오션 시장에서도 작은 물고기로 시작해 생존하고 성장하는 전략을 배웠습니다. 레드오션은 이미 검증된 시장이라는 큰 장점이 있고, 경쟁자들로부터 무료로 배울 수 있는 기회의 장이라는 점을 이해했습니다.

마지막으로, 실패 후 재기의 여정은 혼자가 아닌 함께 걷는 것이 중요하다는 점을 배웠습니다. 인적 자원 네트워크를 구축하고, 멘토를 찾고, 같은 목표를 향해 나아가는 사람들과 연결되는 법을 통해 더 빠르게 성장할 수 있음을 깨달았습니다. 특히 실패 경험을 자산으로 전환하여 진정한 관계를 맺는 법을 배웠습니다.

3단계를 통해 우리는 단순히 실패를 극복하는 데 그치지 않고, 실패의 경험을 발판 삼아 더 큰 성장을 이루는 지혜를 얻었습니다. 마인드셋의 변화, 실패를 피하기 위한 전략적 접근, 그리고 함께 성장하는 관계망의 구축까지 - 이 모든 것은 실패를 넘어서는 행동하는 사업가로 성장하기 위한 필수적인 토대입니다.

그러나 지식만으로는 충분하지 않습니다. 진정한 변화는 실천에서 시작됩니다. 다음 4단계에서는 지금까지 배운 지혜를 실제 삶에 적용할 수 있는 구체적인 실천 방법과 현실적인 팁을 알아볼 것입니다. 이론이 아닌 실행 중심의 접근법, 당장 오늘부터 적용할 수 있는 실용적인 전략, 그리고 실제 성공 사례를 통해 검증된 방법론을 함께 살펴볼 예정입니다.

실패의 불안과 두려움을 넘어, 이제 우리는 구체적인 행동을 통해 실패를 성장의 기회로 전환하는 여정을 본격적으로 시작할 것입니다. 4단계에서는 '아는 것'과 '하는 것' 사이의 간극을 좁히는 데 초점을 맞추어, 당신이 실패의 경험을 진정한 경쟁력으로 만들어가는 과정을 안내할 것입니다.

지금까지의 여정이 실패를 바라보는 관점의 전환과 준비였다면, 다음 단계는 실제 행동을 통한 변화의 단계입니다. 함께 실패를 넘어 성공으로 나아가는 확실한 한 걸음을 내딛을 준비가 되셨나요? 이제 실전으로 들어갑니다.

6부
★
실패를 극복하는 4단계

행동하지 않는 지식은 바다에 떠다니는 빈 배와 같습니다. 아무리 아름다운 배라도 노를 저어 나아가지 않으면 결국 표류할 뿐입니다. 실패는 정말 힘든 경험입니다. 든든한 가족, 지인, 여유 자금이 있다면 여러 번 도전할 수 있겠지만, 대부분은 한 번의 실패로 무너지기 쉽습니다. 그래도 어쩌겠습니까? 이제 선택해야 합니다 - 평범하지만 안정적인 삶을 이어갈 것인지, 위험을 감수하고 더 큰 성취를 향해 한 걸음 내딛을 것인지, 아니면 작은 도전부터 시작해 점진적으로 성장해 나갈 것인지. 어떤 선택이든 그 자체로 가치가 있습니다.

실패를 극복하고 일어서는 길은 모두에게 평등하게 열려 있지 않습니다. 운과 노력, 타이밍이 복합적으로 작용해 누군가는 실패를 극복하고, 또 누군가는 극복하지 못하고 삶을 살아갑니다. 하지만 이 책을 여기까지 읽고 계신 당신은 분명 실패를 넘어서는 무언가를 꿈꾸고 있을 것입니다. 그리고 지금 이 순간 가장 중요한 것은 바로 '행동'입니다. 행동이 없는 꿈은 그저 소망에 불과합니다.

지금까지 우리는 긴 여정을 함께해왔습니다. 1단계에서는 실패의 상처를 치유하고 회복하는 방법을 배웠습니다. 2단계에서는 실패의 원인을 객관적으로 분석하며 깊은 통찰을 얻었습니다. 3단계에서는 실패를 넘어서는 마인드셋을 익혔습니다.

그리고 이제 우리는 가장 중요한 단계에 도달했습니다 - 지식을 행동으로 옮기는 실행의 단계입니다. 아무리 뛰어난 이론과 계획이 있어도, 행동하지 않으면 아무것도 변하지 않습니다. 마치 수영을 배우는 것과 같습니다. 수영 이론과 기술을 완벽히 이해해도, 물에 들어가지 않으면 절대 수영을 할 수 없습니다.

이 단계에서는 소액으로 시작하는 현실적인 비즈니스 모

델들을 살펴볼 것입니다. 100만 원으로 시작할 수 있는 소규모 창업, 500만 원으로 도전할 수 있는 틈새시장 진입 전략, 1,000만 원 이상의 자본으로 구축하는 확장 가능한 비즈니스 모델까지—각 단계별로 자본을 효율적으로 활용하여 위험은 최소화하고 성공 가능성은 최대화하는 구체적인 방법을 알아보겠습니다.

이제 책을 덮고 실제 행동에 나설 시간입니다. 준비됐나요? 망설임을 뒤로하고, 첫 걸음을 내딛어 봅시다. 실패를 두려워하지 않고 배움의 기회로 받아들이는 실패 극복의 진정한 완성은 바로 당신의 행동에 있습니다. 지금 이 순간, 당신의 도전이 새로운 이야기의 시작이 될 것입니다.

★

이제 제대로 해보자! JUST DO IT!

★

실패 극복에서 행동이 가장 중요하다

지금까지 우리는 실패의 상처를 치유하고, 실패를 분석하며, 마음가짐을 다지는 시간을 가졌습니다. 그런데 이 모든 과정이 단 하나의 목적을 위한 것임을 기억하고 계신가요? 바로 '행동'입니다. 모든 회복과 성찰, 계획의 시간은 결국 당신이 다시 일어나 행동하기 위한 준비 과정이었습니다.

연습을 위해 스트레칭을 하던 김연아님을 인터뷰하는 장면이 성공한 사람이 행동하는 마인드를 정확하게 보여줍니다.

"무슨 생각하면서 (준비)하세요?"라는 질문에 김연아 선

수는 답변했습니다.

"무슨 생각을 해... 그냥 하는거지"

인생에서 가장 단순하면서도 가장 강력한 진실은 행동하지 않으면 아무것도 바뀌지 않는다는 것입니다. 생각만으로는 절대 현실이 변하지 않습니다.

우리 주변의 성공한 사람들이나 동기부여 영상에서 반복적으로 듣는 말이 있습니다. "그냥 해라(Just do it)!" 이 단순한 문장이 모든 성공의 비밀을 담고 있습니다. 산에 올라가고 싶습니까? 등산화부터 신으세요. 현관문부터 나가세요. 그럼 이왕 나온 김에 산을 오르게 될 것입니다.

생각의 함정에서 벗어나는 방법

너무 많은 사람들이 '생각의 함정'에 빠져 있습니다. 더 많은 정보를 수집하고, 더 완벽한 계획을 세우고, 더 확실한 때를 기다리며 행동을 미룹니다. 하지만 이것은 종종 행동을 회피하기 위한 자기 합리화에 불과합니다. 생각이 많아지는 것은 중독이 될 수 있습니다. 정말로 행동하기 싫어서 자신을 속이는 것일 수 있습니다.

앞에서 이야기했던 수학 선생님의 말씀이 다시 떠오릅니다.

"이 세상에서 90%의 사람들은 열심히 하지 않는다."

대부분의 사람들은 말만 하고 행동하지 않습니다. 꿈을 이야기하지만 그것을 이루기 위한 구체적인 행동은 취하지 않습니다. 계획을 세우지만 실행하지는 않습니다. 실패를 극복하고 일어나길 원하지만 그 대가를 치를 의지는 없습니다.

여기서 당신의 기회가 있습니다. 단지 행동한다는 이유만으로도, 당신은 이미 대다수의 사람들을 앞서게 됩니다. 완벽한 계획이나 완벽한 타이밍 같은 것은 존재하지 않습니다. 100% 준비된 상태에서 시작하는 사람은 아무도 없습니다.

실패를 두려워하여 행동을 미루는 것은 이미 실패를 선택하는 것과 같습니다. 행동하지 않는 선택은 실패할 가능성을 0%로 만들지만, 동시에 성공할 가능성도 0%로 만듭니다. 반면 행동하는 것은 실패할 위험을 감수하지만, 성공할 가능성도 함께 열어둡니다.

지식은 행동으로 옮기지 않으면 무용지물입니다. 이 책의 모든 내용도 당신이 행동하지 않는다면 아무런 가치가 없습니다. 이 책의 궁극적 목표는 더 나은 이론을 만드는 것이 아니라, 실패를 딛고 다시 일어나 행동하게 하는 것입니다.

마지막으로, 행동은 항상 완벽할 필요가 없습니다. 작은 행동부터 시작하세요. 시행착오를 겪으며 배우고 조정해 나가면 됩니다. 조금씩 나아가는 불완전한 행동이 완벽을 기다리는 무행동보다 언제나 낫습니다.

이제 책을 덮고, 펜을 내려놓고, 생각을 멈추고 행동하세요. 그냥 하세요. 지금 바로, 여기서. 더 이상의 준비나 계획은 필요 없습니다. 당신의 실패 극복 여정은 행동하는 순간부터 진정으로 시작됩니다.

실패 확률은 낮추고, 성공 확률을 높이는 방법

실패의 여정에서 배운 교훈을 이제 실제 행동으로 옮길 때입니다. 평균적으로 창업 성공률이 10%에 불과하지만,

이 확률은 고정된 것이 아닙니다. 적절한 준비와 전략으로 20%, 30%, 심지어 그 이상으로 높일 수 있습니다.

먼저, 치명적인 실수를 피해야 합니다. 충분한 시장 조사 없이 시작하는 것, 고객이 아닌 자신의 관점에서만 제품을 바라보는 것, 그리고 가장 치명적인 실수인 마케팅의 중요성을 간과하는 것—이 세 가지 함정이 수많은 창업가를 실패로 이끕니다. 특히 "좋은 제품이나 서비스를 준비하면 저절로 잘 팔릴 것"이라는 순진한 믿음은 즉시 버려야 합니다.

현대 시장 환경에서 마케팅은 더 이상 선택이 아닌 필수입니다. 매일 수천 개의 새로운 제품과 서비스가 쏟아져 나오는 시대에, 아무리 뛰어난 제품도 효과적인 마케팅 없이는 주목받지 못합니다. 당신의 제품이 세상에서 가장 뛰어나더라도, 그것을 아무도 모른다면 무슨 의미가 있을까요? 전체 예산의 30% 이상을 마케팅에 투자하는 것이 초기 사업에서는 일반적이며, 이는 과장이 아닌 생존을 위한 필수 전략입니다.

성공 확률을 높이는 5가지 핵심 전략

성공 확률을 높이려면 다음 다섯 가지 핵심 전략을 기억하세요.

1. 본격적인 투자 전에 시장 검증을 철저히 하세요. 소규모 테스트를 통해 시장의 반응을 확인하고, 객관적인 피드백을 얻는 것이 중요합니다.

2. 사업계획서를 만드세요. 사업계획은 방향을 잡는 지도로 활용하되, 지나친 집착은 피하세요. 계획은 고정된 것이 아니라 시장 반응과 실제 행동에 따라 계속 수정하며 상황에 맞게 적용합니다.

3. 멘토와 네트워크를 구축하세요. 이미 그 길을 걸어본 선배 창업가의 조언은 값진 자산입니다.

4. 창의성보다 모방이 더 중요할 수 있습니다. 완전히 새로운 것을 만들기보다 이미 검증된 비즈니스 모델을 개선하는 것이 리스크를 줄이는 방법입니다.

5. 효과적인 마케팅 전략을 수립하세요. 명확한 세일즈 포인트를 개발하고, 이를 고객에게 효과적으로 전달할 수 있는 채널을 찾아야 합니다. SNS, 콘텐츠 마케팅, 인플루언서 협업, 검색 광고 등 다양한 옵션이 있지만, 모든 채널이 모든 사업에 효과적인 것은 아닙니다. 당신의 타겟 고객이 어디에 있는지 파악하고, 그곳에 집중적으로 자원을 투입하는 전략적 접근이 필요합니다.

실패를 줄이는 사업을 위한 공식은 간단합니다: 고객 니즈 + 좋은 제품/서비스 + 효과적인 마케팅 = 성공. 이 3가지 요소 중 어느 하나라도 부족하면 실패 확률이 급격히 높아집니다. 특히 마케팅은 제품이나 서비스 자체만큼이나, 때로는 그 이상으로 중요하다는 사실을 반드시 기억하세요.

기술적인 준비와 함께 올바른 마인드셋도 중요합니다. 장기적 시각을 가지고, 지속적으로 학습하며, 회복 탄력성을 기르고, 유연하게 대응하는 자세가 필요합니다. 긍정적 현실주의—현실을 직시하되 가능성을 믿는 균형 잡힌 시각—를 유지하세요.

10%의 성공에 집착하기보다 90%의 실패 확률을 낮추기 위해 노력하세요. 그리고 실패의 가능성을 낮추기 위해 준비하고, 배우고, 실행하세요. 실패를 두려워하지 말고, 실패에서 배우며, 마케팅에 과감히 투자하세요. 세상이 당신의 멋진 제품에 관심을 가질 때 비로소 실패를 극복할 문이 열립니다.

★

100만원으로 시작하는 사업

★

단 100만원으로도 다시 시작할 수 있다

실패에서 다시 일어서려 할 때 가장 큰 장벽은 무엇일까요? 바로 '자본'입니다. 대부분의 사람들이 실패 후 재기할 때 직면하는 현실은 바닥난 통장 잔고와 쌓인 빚입니다. 저 역시 그랬습니다. 3억의 빚을 지고 단칸방에서 다시 시작해야 했던 순간, 제게 남은 것은 50만원과 다시 시작하겠다는 의지와 절박함뿐이었습니다.

그런데 다행이도 요즘은, SNS가 생기면서 큰 자본 없이도 사업을 시작할 수 있다는 것입니다. 오히려 제한된 자본은 당신의 능력을 극한으로 끌어 올릴 수 있습니다. 왜냐하면 소액으로 시작하면 실패의 충격이 줄어들고, 실패로부터 더 빠르게 배울 수 있기 때문입니다. 많은 성공한 기업들이 처음에는 아주 작게 시작했습니다. 애플은 차고에서, 아마존은 제프 베조스의 거실에서, 그리고 수많은 국내 성공 사업가들도 최소한의 자본으로 첫 걸음을 내딛었습니다.

제가 동업자에게 배신당하고 유통 사업을 다시 시작할 때는 주짓수 관장님에게 빌린 1,000만원이 전부였습니다. 그마저도 생산에 쓰일 돈은 없어서 외상으로 제품을 받아 판매한 후 대금을 지불하는 방식으로 시작했습니다. 하지만 이런 제약을 극복하기 위해 노력하면서 오히려 창의적인 해결책을 찾게 만들었고, 매출을 위해 더 절박하게 영업을 하게 했으며, 불필요한 지출을 줄이고 가장 효과적이고 효율적인 방법들을 찾는 계기가 되었습니다.

소액 창업의 핵심은 '검증'에 있습니다. 큰 자본 없이 시작하면 실패하더라도 잃는 것이 적습니다. 그래서 더 과감하게 시장을 테스트할 수 있고, 빠르게 피드백을 얻어 방향을 수정할 수 있습니다. 이것이 바로 실리콘밸리의 '빠르게 실패하고, 빠르게 배우라(Fail fast, learn fast)'는 원칙의 본질입니다.

돈이 없다는 것은 변명이 될 수 없습니다. 오히려 그것은 더 창의적이고 효율적인 방법을 찾아내는 계기가 될 수 있습니다. 100만원도 제대로 활용하지 못하면서 1억, 10억이 있으면 잘 될거라는 생각을 버려야 합니다. 지금 당장 할 수 있는 최소한의 시작점을 찾아보세요. 온라인 스토어에서 작은 테스트, SNS 계정 하나로 시작하는 브랜딩, 소규모 공동구매 주선 - 어떤 형태든 시작이 중요합니다. 실패 후 재기의 여정에서, 소액 창업은 단순한 선택지가 아닌 현실적인 필수 전략입니다.

100만 원으로 시장 테스트

실패 후 다시 시작하는 순간, 100만 원이라는 금액은 작게 느껴질 수 있습니다. 하지만 이 금액의 진정한 가치는 행동을 통한 돈을 버는 감각을 익히는 데 있습니다. 100만 원은 본격적인 창업 자금이 아니라 '행동의 시작'으로 바라보세요. 이 자금으로 당신의 아이디어가 시장에서 통할지, 고객들이 지갑을 열 준비가 되어 있는 아이템인지, 또 내가 어떤 부분이 부족해서 매출이 오르지 않는지 검증하고 테스트하는 것이 핵심입니다.

최소 실행 가능 제품(MVP) 만들기

100만 원으로 할 수 있는 가장 중요한 일은 최소한의 기능을 갖춘 제품이나 서비스를 만드는 것입니다. 완벽함을 추구하지 마세요. 핵심 기능만 갖춘 제품으로 고객의 반응을 빠르게 확인하는 것이 중요합니다.

예를 들어, 프리랜서 서비스 제공을 구상 중이라면 명함과 간단한 포트폴리오 제작에 20만 원, 기본 장비나 월구독료에 50만 원, 초기 고객 미팅을 위한 경비로 30만 원 정도로 시작할 수 있습니다. 웹디자인, 번역, 카피라이팅, 컨설팅 등 전문 지식을 활용한 서비스는 초기 자본이 적게 들어 100만 원으로도 충분히 시작 가능합니다. 저도 처음 유통을 시작할 때 샘플 제품 몇 개를 만들어 SNS에 올리고, 주문이 들어온 후에야 생산을 시작했습니다. 그래서 재고 부담 없이 시작할 수 있었죠.

온라인 마이크로 창업

요즘은 오픈마켓, 소셜커머스 등을 활용해 100만 원 이하로 시작하는 '마이크로 창업'이 많습니다. 제 지인은 20만 원 어치 토퍼 소품을 구매해 인스타그램에서 판매를 시작했는데, 첫 달에 50만 원 매출을 올렸습니다. 초기에는 특별한 제품보다 빠른 배송과 친절한 고객 응대로 차별화했고, 3개월 만에 월 200만 원 매출로 성장했습니다. 본인이 잘 아는 분야, 관심 있는 제품으로 시작하면 마케팅에도 유리합니다.

큰 실패를 피하는 시장 테스트

시장 테스트는 과학적 접근이 필요합니다. 명확한 가설을 세우고, 이를 검증할 수 있는 실험을 설계하세요.

"20-30대 직장인 여성들은 이 제품에 월 3만원을 지불할 의향이 있다"와 같은 구체적인 가설을 세우고, 이를 검증할 수 있는 최소한의 실험을 설계합니다. 100명에게 설문을 하고, 그중 10명에게 실제 체험 기회를 제공하고, 최종적으로 5명에게 실제 구매 의사를 확인하는 식으로 단계적 접근이 효과적입니다. 중요한 것은 "관심 있다"는 말과 실제 지갑을 여는 행동 사이에는 큰 차이가 있다는 점을 명심하는 것입니다. 가능한 한 실제 결제 단계까지 테스트해보세요.

무료/저비용 마케팅 채널 최대 활용

100만 원으로는 광고비를 많이 지출할 수 없습니다. 대신 SNS, 커뮤니티 사이트, 지역 모임 등 무료 채널을 최대한 활용하세요. 일을 시작하기 전부터 퍼스널 브랜딩을 위해 인스타그램, 유튜브, 블로그 등을 꾸준히 해오는 게 좋습니다.

인스타그램이나 블로그를 통해 스토리를 꾸준히 공유하고, 관련 주제의 온라인 커뮤니티에 참여하며 자연스럽게 제품을 노출시키세요. 당근마켓 같은 지역 기반 플랫폼도 초기 고객 확보에 효과적입니다. 특히 요즘은 틱톡, 쇼츠 등 짧은 영상을 활용한 마케팅이 큰 효과를 보고 있습니다. 휴대폰만 있어도 품질 좋은 콘텐츠를 만들 수 있으니, 돈보다 시간과 창의력을 투자하는 마케팅이 핵심입니다.

고객과의 직접 소통 우선하기

사업 초기에는 오프라인 영업도 함께 하는 게 매출에 큰 도움이 됩니다. 소수의 잠재 고객과 깊이 소통하는 전략이 필요합니다. 최소 10명의 잠재 고객과 직접 대화하며 그들의 필요와 고충을 깊이 이해하세요.

단순한 영업이 아닌 심층 인터뷰를 통해 "이 제품을 왜 사용하지 않을 것인가?"와 같은 질문으로 솔직한 피드백을 얻으세요. 초기 사용자에게 특별한 혜택이나 할인을 제공하고, 그들의 피드백을 적극적으로 수용하세요. 이 과정에서 얻은 통찰은 수천만 원의 마케팅 리서치보다 값질 수 있습니다. 저 역시 처음 유통업을 시작했을 때 지인들에게 선물처럼 제품을 주고 피드백을 받았는데, 이것이 제품 개선에 결정적인 도움이 되었습니다.

철저한 데이터 수집과 분석

모든 시장 테스트에서 체계적으로 데이터를 수집하고 분석하세요. 고객 반응, 구매 전환율, 피드백 내용 등을 꼼꼼히 기록하고 패턴을 찾아보세요.

단순히 "반응이 좋았다" 정도가 아니라, "20-30대 여성 중 60%가 제품에 관심을 보였고, 그중 30%가 실제 구매로 이어졌다" 같은 구체적인 데이터를 확보하세요. 특히 구매 결정에 영향을 준 요소가 가격인지, 디자인인지, 기능인지 파악하는 것이 중요합니다. 노트북이나 스마트폰으로 간단한 스프레드시트를 만들어 데이터를 정리해두면 나중에 투자자를 만날 때도 큰 자산이 됩니다. 실패한 테스트에서도 중요한 교훈을 얻을 수 있습니다.

빠른 피봇과 적응력

테스트 결과가 예상과 다르더라도 좌절하지 마세요. 100만 원의 진정한 가치는 큰 돈을 날리기 전에 잘못된 방향을 수정할 수 있다는 점입니다.

시장 반응에 따라 빠르게 제품이나 서비스를 조정하고, 필요하다면 과감하게 방향을 전환하세요. 이런 민첩성이 소액 창업의 최대 강점입니다. 처음부터 완벽하게 맞추는 것보다, 시장의 목소리를 듣고 빠르게 적응하는 것이 성공의 열쇠입니다. 한 유통업체 사장님은 처음에 주방용품을 판매하려 했지만, 테스트 결과 반응이 좋지 않자 같은 공장에서 만든 욕실용품으로 빠르게 전환해 성공했습니다. 100만 원으로 시작한 테스트가 수억 원의 잘못된 투자를 막은 셈입니다.

100만 원으로 시작할 수 있는 소액 비즈니스 모델

실패 후 바닥에서 다시 시작해야 할 때, 작은 자본으로도 시작할 수 있는 구체적인 비즈니스 모델이 필요합니다. 100만 원으로 시작할 수 있는 세 가지 실질적인 비즈니스 모델을 살펴보겠습니다.

1. 프리랜서 서비스 제공

*** 초기 투자 내역**
- 온라인 강의 구입 및 기술 습득: 60만 원
- 필요 소프트웨어 구독 서비스: 20만 원
- 포트폴리오 제작 및 기본 장비: 20만 원

*** 실행 계획**

먼저 시장성 있는 기술을 선택하는 것이 중요합니다. 디자인, 영상 편집, 콘텐츠 작성, SNS 관리, 스마트플레이스 관리 등 진입 장벽이 낮으면서도 수요가 있는 분야를 고르세요.

온라인 강의를 통해 기본 기술을 습득한 후, 네이버, 당근마켓, 크몽, 숨고, 인스타그램, 블로그 등 무료 플랫폼에 프로필을 등록합니다. 초기에는 무료 작업이나 저렴한 가격으로 시작해 포트폴리오를 구축하세요.

매일 2-3시간을 고객 발굴과 네트워킹에 투자하고, 고객의 피드백을 받아 서비스를 지속적으로 개선합니다. 중요한 것은 실력이 부족하다고 망설이지 않는 것입니다. "유치원생에게 필요한 수업은 중학생도 할 수 있습니다." 완전히 모르는 사람들에게 서비스를 제공하면서 본인도 함께 성장할 수 있습니다.

*** 성장 경로 예시**
초기 3-5명의 고정 고객을 확보한 후, 신뢰도를 높이면서 소개를 통해 점차 고객을 늘려가세요. 그리고 전문성을 키워 서비스 단가를 올리세요. 그리고 6개월 후에는 월 150만 원 이상의 수익을 목표로 하고, 1년 내에 특정 분야에서 전문성을 인정받아 기업 프로젝트나 정기적인 계약을 통해 안정적인 수입원을 확보할 수 있습니다. 추후에는 본인의 기술을 가르치는 강의나 워크숍을 개설해 수익원을 다각화할 수 있습니다.

2. 원재료 구입 및 제작 판매
*** 초기 투자 내역**

- 원재료 및 기본 도구 구입: 50만 원
- 제작 기술 습득 강의 수강: 30만 원
- 샘플 제품 제작 및 사진 촬영: 10만 원
- 온라인 판매 채널 구축: 10만 원

* 실행 계획

악세사리, 토퍼, 인테리어 소품, 수제 비누 등 원재료 비용은 적지만 완성품의 가치가 높아지는 아이템을 선택하세요. 핸드메이드 제품은 재료비 대비 높은 마진을 기대할 수 있습니다.

기본 제작 기술을 습득한 후, 10-15개의 샘플 제품을 만들어 휴대폰 어플리케이션이나 AI 사진 프로그램을 통해 고품질 사진을 편집합니다. 네이버 스마트스토어, 인스타그램, 당근 등 무료 또는 저비용 플랫폼에 판매 채널을 구축하세요.

첫 판매는 주변 지인들에게 시작하고, 그들의 피드백을 통해 제품을 개선합니다. 판매와 함께 제품 스토리를 공유하고, 구매자의 후기를 적극 활용해 신뢰를 구축하세요.

* 성장 경로 예시

초기 고객 피드백을 바탕으로 제품 라인을 정교화하고, 예를들어 2-3개월 내에 월 100-200개 제품 판매를 목표로 합니다. 점차 제품 라인업을 확장하고, 원데이 클래스를 통해 제작 기술도 가르치면 추가 수익을 창출할 수 있습니다. 6개월 후에는 지역 공방이나 소규모 판매점과 협업하여 오프라인 판매 채널로 확장하고, 1년 내에 고유한 브랜드 이미지를 구축하여 프리미엄 제품으로 포지셔닝할 수 있습니다.

3. 생활 서비스 제공

* 초기 투자 내역
- 필요 장비 및 도구 구입: 70만 원
- 명함 및 간단한 홍보물 제작: 10만 원
- 기본 작업복 및 유니폼 준비: 10만 원
- 지역 영업 교통비 및 기타: 10만 원

* 실행 계획

청소, 펫 케어, 가구 조립, 이사 도우미 등 진입 장벽이 아주 높지 않은 서비스를 선택하세요. 이 사업은 초기 투자 비용은 적지만 높은 일당을 기대할 수 있다는 장점이 있습니다. 하지만 진입장벽이 낮기 때문에 가장 중요한 것은 영업력입니다.

필요한 기본 장비를 구입한 후, 주변 지역 거주자들을 직접 방문하거나 지역 커뮤니티, 아파트 단지나 상가 또는 당근에 홍보 및 영업을 합니다. 초기에는 10% 할인 이벤트, 체험 이벤트 등의 서비스를 제공하며 고객 기반을 구축하세요.

"간절한 명함 하나로 고객의 마음을 울려보세요. 사람이 하는 일에는 정이 있습니다." 진정성 있고 정성스러운 서비스로 단골 고객을 확보하는 것이 핵심입니다.

* 성장 경로 예시

첫 달에 5-8명의 고객을 확보하고, 이 중 2-3명을 정기 고객으로 전환하는 것을 목표로 합니다. 고객의 만족도를 최우선으로 하여 입소문 마케팅 효과를 극대화하세요. 3개월 안에 월 10-15건의 서비스 제공을 목표로 하고, 6개월 후에는 충분한 고객을 확보하여 서비스 가격을 정상화합니다. 1년 이내에 추가 인력을 고용하여 규모를 확장하거나, 관련 서비스로 다각화할 수 있습니다.

이 세 가지 모델의 공통점은 최소한의 투자로 시작하여 실제 시장 반응을 빠르게 확인할 수 있다는 점입니다. 큰 자본 없이도 본인의 노력과 시간을 투자해 고객과 신뢰를 쌓고 점진적으로 성장할 수 있습니다.

중요한 것은 완벽한 시작보다는 '시작 자체'입니다. 실패를 겪은 경험이 있다면, 그 경험에서 얻은 교훈이 100만 원보다 더 값진 자산이 될 수 있습니다.

"천 마디 말보다 한 번의 행동이 중요합니다." 지금 당장 시작하세요. 100만 원은 성공보다 실패를 통해 배울 수 있는 값진 학비로 생각하면, 그 가치는 훨씬 더 커집니다. 작은 성공이 모여 큰 성공이 되고, 작은 실패가 모여 값진 경험이 됩니다. 그리고 그 모든 과정이 당신을 더 단단하게 만들어줄 것입니다.

100억도 100만원의 수익부터 시작한다.

100만 원으로 비즈니스를 시작했다면, 이제 가장 중요한 단계는 실제 시장 검증과 첫 수익 창출입니다. 이 단계에서 당신은 아이디어가 실제로 작동하는지, 사람들이 돈을 지불할 의향이 있는지 확인하게 됩니다.

첫 고객은 단순한 매출 이상의 의미를 가집니다. 그들은 당신의 비즈니스 모델이 실제로 작동한다는 증거이자, 귀중한 피드백의 원천입니다. 첫 고객을 확보하기 위해서는 온라인 마케팅만으로는 부족합니다. 실패에서 일어나는 과정에서 그 어느 때보다 중요한 것은 '직접 영업'입니다.

소액 창업에서는 온라인 마케팅이 효율적이라고 많이들 이야기합니다. 맞습니다, 하지만 그것만으로는 부족합니다. 특히 초반 고객 형성은 오프라인에서 직접 발로 뛰는 것이 훨씬 효과적입니다.

지역 모임에 참석하고, 관련 행사에 얼굴을 비추고, 지인 네트워크를 활용하고, 심지어 낯선 이에게 직접 다가가는 방문 영업까지 - 이 모든 것이 초기 비즈니스의 생명입니다. 온라인에서 수백 개의 '좋아요'보다 실제로 지갑을 열고 구매하는 단 한 명의 고객이 더 가치 있습니다.

"영업이 내 성격이랑 안 맞아요", "낯선 사람에게 말 걸기가 부담스러워요"라고 생각하는 분들이 많습니다. 저도 그랬습니다. 하지만 솔직히 말씀드리겠습니다 - 어쩔 건가요? 계속 실패할 건가요? 창피함을 감수하고 절박함을 무기로 행동해야 합니다.

저는 코웨이 정수기 영업을 하면서 정말 창피했습니다. 낯선 가게에 방문해 문을 두드리고, 거절당하기를 수십 번 반복했습니다. 하지만 그렇게 만났던 고객들 중 일부는 지금까지도 제 사업의 진성 고객으로 남아있습니다. 그들과의 직접적인 만남에서 형성된 신뢰와 정은 온라인으로는 결코 만들 수 없는 깊은 유대감을 만들었습니다.

그리고 깊은 유대감을 만든 고객님들에게 귀중한 피드백을 꼭 받으세요. 왜 이 고객이 구매했는지, 무엇이 결정적인 요인이었는지 물어보세요. 처음 5명의 고객으로부터 배우는 교훈이 향후 500명의 고객을 끌어오는 열쇠가 될 수 있습니다.

시장 검증 과정에서 때로는 예상과 다른 결과가 나타날 수 있습니다. 처음에 생각했던 방향과 실제 시장의 반응이 다를 수 있고, 예상치 못한 고객층이 제품에 관심을 보일 수도 있습니다. 이런 상황에서 중요한 것은 고집을 부리지 않는 것입니다. 데이터와 피드백에 따라 빠르게 방향을 전환할 준비가 되어 있어야 합니다.

100만원 창업의 목표는 단순히 매출을 올리는 것이 아닙니다. 지속 가능한 비즈니스 모델을 찾는 것입니다. 한두 번의 판매보다는 재구매율, 고객 피드백, 제품이나 서비스의 개선 가능성에 더 집중하세요. "이 고객이 6개월 후에도 우리 제품을 사용할까?"라는 질문이 "어떻게 하면 더 많은 사람들에게 판매할 수 있을까?"보다 더 중요합니다.

결국 시장 검증과 첫 수익 창출의 핵심은 '행동'입니다. 완벽한 제품, 완벽한 전략을 기다리다 보면 기회는 사라집니다. 30%의 준비가 되었다면, 과감히 시장에 뛰어들어 나머지 70%는 실전에서 배우세요. 실패를 극복하고 다시 일어서는 과정에서 가장 중요한 것은 행동의 속도입니다. 빠르게 실행하고, 빠르게 배우고, 빠르게 수정하세요. 당신의 첫 수익은 비즈니스의 검증을 넘어 새로운 시작을 의미합니다.

★

500만원으로 시작하는 사업

★

500만 원으로 시작하는 단계적 성장

100만 원으로 시장을 테스트하고 비즈니스 아이디어를 검증했다면, 이제 본격적으로 안정적인 수익을 위한 500만 원 단계로 나아갈 시간입니다. 이 단계는 단순한 '실험'을 넘어 '현실적인 매출을 만드는 비즈니스'를 구축하는 중요한 전환점입니다. 100만 원 단계가 '이 아이디어가 통할까?'라는 질문에 답하는 과정이었다면, 500만 원 단계는 '이 사업으로 어떻게 안정적인 수익을 만들 수 있을까?'에 집중하는 시기입니다.

미용 제품 유통 사업 초기, 순수익 500만 원이 모였을 때 다양한 방식으로 매출을 높였습니다. 제품 패키징의 품질을 향상시키고, 고객 관리와 특별 이벤트를 진행했으며, 전문 디자인 업체를 통해 상세페이지를 고급화했습니다. SNS 마케팅도 단순 메타 광고(하루 5,000원 정도의 지역 광고)에서 미용 분야에서 인지도 있는 계정과의 협찬 광고로 확장했습니다. 이 단계에서는 고정 고객 확보를 통해 안정적 수익을 늘리고, 순수익을 재투자해 새로운 고객을 유치하면서 동시에 회사의 기반을 단단하게 다지는 데 집중했습니다.

500만 원은 작은 금액이지만, 작은 돈부터 효율적으로 배분하지 않으면 나중에 큰 수익에서 자금을 관리하기가 더 어려워집니다. 안정적인 매출과 지속적 성장 그리고 운영을 위한 자금의 삼각 구도를 균형 있게 잘 유지해야 합니다.

고정 고객 기반 구축: 안정적 수익의 핵심

500만 원 단계에서 가장 중요한 목표는 안정적인 고정 고객을 확보하는 것입니다. 새로운 고객을 계속 찾는 것보다, 이미 당신의 제품이나 서비스에 만족한 고객이 재구매하도록 만드는 것이 효율적입니다. 재구매를 높이는 방법을 몇가지 정리했습니다.

첫째, 고객 데이터베이스 및 CRM 도구 구축을 해야 합니다. 고객의 수가 많지 않을 때는 어려움을 느끼지 못하지만 고객이 늘어나면서 점점 관리가 어려워집니다. 꼭 고객 관리 시스템을 위해 투자하세요. 그리고 관리를 넘어서 각자의 소비 패턴과 공통적인 소비 패턴을 확인해서 마케팅에 판단의 자료로 활용하면 좋습니다. 또 고객 소통을 위한 카카오 채널, 문자 발송 시스템, 커뮤니티 등에 투자하여 충성도를 더욱 올려야 합니다. 그리고 충성 고객 프로그램 운영을 위한 포인트 시스템, 회원 혜택 등을 준비합니다. 고객 피드백 수집 및 분석 도구를 마련하여 지속적인 개선을 위한 기반을 구축합니다.

둘째, 개인화된 고객 경험을 제공합니다. 고객의 이름을 기억하고, 이전 구매 내역을 바탕으로 맞춤형 추천을 제공합니다. 미용 제품 사업에서 고객이 대량 구매를 하거나 생일이 있을 때 직접 연락해 작은 선물이나 특별 서비스를 제공했더니 재구매율이 눈에 띄게 향상되었습니다. 간단한 방법이지만 고객에게 매출을 넘어서 감동을 전달하기에 이것만큼 좋은 방법도 없습니다.

셋째, 고객 피드백 체계를 마련합니다. 정기적으로 고객 만족도 조사를 실시하고, 제품이나 서비스 개선에 고객의 의견을 적극 반영합니다. 이는 고객이 '자신의 의견이 가치 있다'고 느끼게 해 브랜드 충성도를 높입니다. 미용 제품 고객들의 피드백을 바탕으로 제품 구성을 조정하고 배송 방식을 개선했더니 고객 만족도가 크게 높아졌습니다.

마지막으로, 커뮤니티를 형성합니다. 고객들끼리 소통할 수 있는 공간을 만들어 제품/서비스와 연결된 커뮤니티 의식을 형성합니다. 저는 대부분의 사업에서 카카오톡 단체방을 개설해 단순한 제품 질문뿐 아니라 사업과 관련된 다양한 궁금증에 답변하는 공간을 마련했습니다. 이는 고객들의 충성도를 높이는 동시에 신규 고객 유치에도 효과적이었습니다.

마케팅 효율 극대화

마케팅 채널과 콘텐츠를 늘리고 더 많은 노출을 위해 집중 투자합니다. 여기서 중요한 것은 무작정 많은 채널에 투자하는 것이 아니라, 100만 원 단계에서 검증된 채널에 더 집중하는 것입니다. 예를 들어 인스타그램 광고가 페이스북

보다 2배 효과적이었다면, 인스타그램에 더 많은 예산을 배정하세요. 플랫폼별로 다른 콘텐츠 전략도 필요합니다. 인스타그램은 시각적 임팩트가 중요하고, 유튜브는 정보 제공에 강점이 있습니다. 각 플랫폼의 특성에 맞게 콘텐츠를 제작해야 합니다.

브랜드 이미지를 위한 로고, 패키징, 상세페이지, 웹사이트 등을 정비합니다. 이 단계에서는 브랜드의 일관성이 매우 중요합니다. 로고부터 제품 패키징, 배송 박스까지 모든 접점에서 동일한 컬러와 디자인 요소를 사용하여 고객이 브랜드를 쉽게 기억하도록 만드세요. 때로는 전문 디자이너에게 의뢰하는 비용이 들더라도, 그 투자는 장기적으로 브랜드 가치를 높이는 데 큰 도움이 됩니다. 실제로 패키징을 고급화한 후 같은 제품임에도 불구하고 고객의 만족도와 재구매율이 상승한 경험이 있습니다.

타겟 고객을 정확히 겨냥한 콘텐츠를 제작합니다. 여기서 핵심은 '모든 사람'을 대상으로 하는 것이 아니라, 특정 고객층에 집중하는 것입니다. 타겟 고객의 나이, 직업, 관심사, 문제점을 정확히 파악하고 그들의 언어로 이야기하세요. 너무 광범위한 타겟팅은 마케팅 비용만 낭비하게 됩니다. 미용 제품을 판매할 때 '모든 미용실'이 아닌 빠른 시술로 주말 같이 바쁜 시간에 회전율을 올리기 원하는 매장을 타겟으로 잡았습니다. 이렇게 구체적으로 설정하면 마케팅 효율이 크게 높아집니다.

소규모지만 효과적인 홍보 이벤트를 기획하여 마케팅 효율성을 높입니다. 큰 규모의 이벤트보다는 타겟 고객에게 직접적으로 닿을 수 있는 이벤트가 효과적입니다. 예를 들어, 제품 리뷰를 남긴 모든 고객에게 다음 구매 시 10% 할인 쿠폰을 제공하거나, 신규 고객이 친구를 추천하면 양쪽 모두에게 혜택을 주는 방식이 효과적입니다. 이런 이벤트는 비용이 적게 들면서도 고객 참여를 유도하고 자연스러운 입소문 효과를 만듭니다.

SNS 활용 시 유료 광고와 함께 자연스러운 콘텐츠 마케팅도 병행하세요. 미용 제품을 판매 한다면 제품 소개뿐 아니라 일상적인 피부 관리 팁, 메이크업 노하우 등의 유용한 정보를 꾸준히 제공합니다. 이런 정보성 콘텐츠는 잠재 고객의 관심을 끌고 자연스럽게 제품 구매로 이어지게 합니다. 실제로 직접적인 판매 콘텐츠보다 유용한 정보를 제공하는 콘텐츠가 장기적으로 더 높은 구매 전환율을 보였습니다.

500만 원 단계에서는 데이터 기반의 마케팅 의사결정도 중요합니다. 어떤 광고가 어떤 고객층에게 반응이 좋은지, 어떤 시간대에 포스팅하면 참여율이 높은지, 어떤 콘텐츠가 가장 많은 공유를 이끌어내는지 세밀하게 분석하세요. 이런 데이터를 축적하고 분석하는 과정이 마케팅 효율을 크게 높이는 비결입니다.

예비 자금과 재투자 계획

안정적인 수익 모델을 위해서는 예상치 못한 상황에 대비한 예비 자금도 반드시 필요합니다. 이 자금은 급작스러운 기회나 위기 상황에 대응하기 위한 것으로 운영 자금과는 분리해서 관리합니다. 전체 운영 자금의 약 10% 정도를 별도 계좌에 보관하여 긴급 상황에 대비하세요. 실제로 사업을 하면서 갑작스러운 문제나, 기회가 생겼을 때 이 예비 자금이 큰 도움이 되었습니다.

예비 자금은 단순한 비상금을 넘어 '기회 자금'의 역할도 합니다. 경쟁사가 갑자기 사업을 접어 재고를 저렴하게 매각할 때, 인기 제품의 원재료가 한시적으로 할인될 때, 좋은 위치의 팝업 스토어 기회가 생겼을 때 - 이런 예상치 못한 기회를 놓치지 않게 해주는 것이 바로 예비 자금입니다. 비즈니스에서는 적시에 행동할 수 있는 여유 자금이 있는지 없는지가 성장 속도의 차이를 만듭니다.

발생한 수익의 일정 부분은 반드시 사업에 재투자하는 원칙을 세우는 것이 중요합니다. 순이익의 일정 부분을 반드시 사업 확장을 위해 따로 모아두세요. 초기에는 생활비를 위해 모든 수익을 가져가고 싶은 유혹이 크지만, 재투자 없이는 사업이 정체되기 쉽습니다. 한 달에 150만 원의 순이익이 발생한다면, 100만 원은 생활비로, 50만 원은 사업 재투자금으로 구분하는 식의 명확한 원칙이 필요합니다.

재투자 계획을 명확히 하면 단계적 성장이 가능합니다. 처음 3개월은 마케팅에, 다음 3개월은 제품 개선에, 그 다음 3개월은 고객 서비스 향상에 집중적으로 재투자하는 식으로 계획을 세울 수 있습니다. 무작정 모든 영역에 조금씩 투자하기보다는, 한 번에 한 영역을 확실히 개선하는 전략이 더 효과적입니다.

현금 흐름 관리도 재투자 계획의 중요한 부분입니다. 수익이 들어오는 시기와 재투자가 필요한 시기를 맞추는 것이 중요합니다. 성수기에 발생한 수익으로 비수기를 대비한 마케팅이나 제품 개발에 투자하는 전략적 접근이 필요합니다. 특히 계절성이 있는 사업이라면 이러한 현금 흐름 계획이 더욱 중요합니다.

재투자 시에는 투자 대비 수익(ROI)을 반드시 측정해야 합니다. 어떤 영역에 투자했을 때 가장 큰 효과가 있었는지 데이터를 축적하고, 이를 바탕으로 다음 투자 결정을 내리세요. 저는 실제로 SNS 광고에서 얼굴이 나오는 영상의 ROI가 2배 높았다는 사실을 발견하고, 광고 방향을 조정해서 더 높은 매출을 이끌어낸 경험이 있습니다.

마지막으로, 재투자는 반드시 사업 목표와 연결되어야 합니다. 1년 후 매출 2배 증가, 3년 내 오프라인 매장 오픈 등 구체적인 목표를 세우고, 그 목표를 달성하기 위해 필요한 영역에 체계적으로 재투자하세요. 목표 없는 재투자는 방향성을 잃기 쉽습니다.

500만원으로 작지만 단단한 토대 만들기

500만 원 단계에서는 화려한 성장보다 단단한 토대 구축에 집중해야 합니다. 안정적인 현금 흐름, 충성도 높은 고객 기반, 차별화된 제품 라인업이 갖추어지면, 이후 더 큰 규모의 투자와 확장도 가능해집니다.

실패 후 재기하는 과정에서는 초기 성공 사례를 만드는 것이 중요합니다. 작더라도 확실한 성공을 통해 자신감을 회복하고, 그 성공을 기반으로 점진적으로 확장해 나가는 전략이 효과적입니다.

500만 원으로 시작하는 이 단계는 당신의 비즈니스가 단순한 아이디어에서 실질적인 수익 모델로 발전하는 중요한 전환점입니다. 고정 고객 확보와 제품/서비스 다양화에 집중하며, 실패의 교훈을 바탕으로 더욱 단단한 사업의 토대를 마련하세요.

500만 원으로 시작 가능한 비즈니스 모델

실패 후 다시 일어서는 과정에서 500만 원은 단순한 시장 테스트를 넘어 안정적인 수입을 구축할 수 있는 자본입니다. 100만원에 이어서 500만 원으로 확장하는 세 가지 비즈니스 모델을 소개합니다. 이 모델들은 초기 자본이 제한적이지만 성장 가능성이 높은 사업을 찾는 분들에게 적합합니다.

1. 프리랜서 서비스 제공

* 투자 내역 예시(500만 원)

- 퍼스널 브랜딩 강화: 50만 원 (강사 소개 및 프로필 제작 및 배포)
- 효율적 마케팅 집중 투자: 100만 원 (타겟 마케팅 콘텐츠 제작)
- 서비스 품질 향상 도구: 50만 원 (업무 효율화 소프트웨어, 필수 장비 업그레이드)
- 전문성 강화 교육: 200만 원 (심화 과정, 자격증, 전문 스킬 향상)
- 예비 자금 확보: 100만 원 (긴급 상황 및 기회 대응용)

*실행 계획

100만 원으로 시작한 프리랜서 서비스에서 기본 고객층과 포트폴리오를 확보했다면, 서비스의 다양성을 늘리고, 그 경험과 전문성을 바탕으로 1대1 수업부터 1대 다수 강사로 성장할 시간입니다. 자신이 가장 뛰어난 특정 영역(예: 인스타그램 마케팅, 브랜드 로고 디자인, 유튜브 쇼츠 편집 등)에 집중하면서 보조적으로 필요한 커리큘럼을 추가합니다.

전문성을 더 강화하기 위해 전문성 강화 교육에 꾸준히 참여하면서, 다양한 강의 스타일과 내용을 흡수하며 성장합니다. 고객 피드백을 바탕으로 초보자부터 고급 수준까지 체계적인 서비스와 커리큘럼을 동시에 개발하세요. 서비스 제공으로 안정적인 수익과 프리미엄 1:1 코칭, 템플릿 판매, 멤버십 커뮤니티 등 다양한 가격대의 서비스를 준비하여 수익원을 다각화합니다.

*** 성장 경로 예시**
'디자인 셀러'를 운영하는 정씨는 로고 디자인 프리랜서로 시작해 경험을 쌓은 후, 500만 원을 투자하여 온라인 강의 사업을 시작했습니다. 그는 '실무에서 바로 쓰는 로고 디자인' 강의를 개발하고, 실무용 로고 템플릿 100종을 제작하여 함께 판매했습니다. 6개월 만에 월 매출이 프리랜서 시절의 3배로 증가했고, 현재는 강의, 템플릿 판매, 멤버십, 워크숍 등 다양한 수익원을 가진 교육 브랜드로 성장했습니다.

2. 원재료 구입 및 제작 판매에서 온라인 판매로
* 투자 내역 예시(500만 원)
- 제품 라인업 확장: 200만 원 (다양한 제품군 개발, 대량 생산

체계 구축)
- 온라인 쇼핑몰 구축: 100만 원 (제품 촬영 및 상세페이지 제작)
- 브랜딩 및 패키징: 50만 원 (로고, 포장재, 브랜드 스토리텔링 등)
- 마케팅: 50만 원 (SNS 광고, 인플루언서 마케팅)
- 운영 자금: 50만 원

* 실행 계획

100만 원으로 소규모 수제품(악세사리, 토퍼, 인테리어 소품, 수제 비누 등 원재료 비용은 적지만 완성품의 가치가 높아지는 아이템) 제작을 시작하여 기본 제품과 고객층을 확보했다면, 이제 500만 원을 활용해 재료를 대량 구매해서 단가는 낮추고, 다양한 제품 라인을 추가하고, 온라인 쇼핑몰로 본격적으로 판매할 시간입니다.

우선 대량 생산을 위한 생산 메뉴얼을 만들고, 효율성을 높이는 작업이 필요합니다. 이후 고객에게 지속적인 제품 노출을 하면서 니즈를 창출해야 합니다. 예를 들어 "데이트 가실 때 이런 토퍼를 준비해보세요! 작지만 감동입니다.", "사무실에는 초록색 인테리어 소품을 추가하면 일의 효율이 올라갑니다." 등 단순히 고객이 찾을 때까지 기다리는 게 아닌 니즈를 만들어야 합니다.

그러기 위해서는 카카오 채널, 단체 카톡방, 지속적 이벤트 문자 등 고객과 계속 접촉할 수 있는 라인을 많이 만들어야 합니다. 또 가능하다면 특정 테마나 스타일로 차별화된 쇼핑몰을 구축하세요(예: 북유럽 감성 홈데코, 미니멀 주얼리, 에코 프렌들리 생활용품 등).

제품 포장부터 고객 소통까지 모든 접점에서 브랜드 가치를 일관되게 전달하는 고객 경험을 디자인하세요. 매월 새로운 제품을 받아볼 수 있는 구독 서비스를 도입하여 안정적인 수익을 창출하는 것도 좋은 전략입니다.

*** 성장 경로 예시**

'우드하우스'를 운영하는 김씨는 원목 소품 제작자로 시작해 500만 원을 투자하여 '북유럽 감성의 우드 홈데코' 쇼핑몰을 구축했습니다. 그는 핵심 제품 1가지로 고정 수익과 고객을 확보하고, 함께 인테리어하기 좋은 제품 라인을 개발하고, 고급스러운 패키징과 스토리텔링으로 브랜드 가치를 높였습니다. 특히 '가구의 깊이를 더하는 우드 액세서리'라는 틈새시장에 집중해 대형 가구 쇼핑몰과 차별화했습니다. 월 매출 800만 원을 달성했고, 대형 인테리어 매장과의 협업도 성사시켰습니다.

3. 생활 서비스에서 프리미엄 전문 서비스로

* 투자 내역 예시(500만 원):

- 전문 장비 및 도구 구입: 250만 원 (고급 장비, 전문 관리 도구 등)
- 전문 교육 및 자격증 취득: 100만 원
- 서비스 브랜딩 및 패키징: 80만 원 (유니폼, 차량 랩핑, 서비스 패키지 등)
- 마케팅 및 고객 관리 시스템: 50만 원
- 운영 자금: 20만 원

* 실행 계획

100만 원으로 기본적인 생활 서비스(청소, 펫 케어, 가구 조립, 이사 도우미 등)를 시작해 초기 고객층을 확보 했다면, 이제 500만 원을 활용해 고정 고객을 늘리고, 전문 서비스로 발전시킬 때입니다. 서비스 질을 올리기 위해 기존 장비에서 필요한 전문 장비들을 구입하고, 차별화된 전문 지식과 기술을 위해 전문가에게 교육을 받습니다(예: 특수 소재 관리, 알레르기 방지 청소, 명품 관리 등).

그리고 기존에 서비스를 받은 경험이 있는 고객들에게 기본형, 프리미엄형, 정기 관리형 등 다양한 서비스 패키지를 개발하여 고객의 선택지를 넓히고 평균 구매 금액을 높이세요. 또한 고객별 서비스 이력과 선호도를 기록하고 활용하여 맞춤형 서비스를 제공하면 고객 충성도를 높여 안정적인 매출을 확보합니다.

이 과정에서 유니폼, 차량 랩핑 등 브랜딩을 위한 기본적인 세팅을 하는 동시에 인스타그램, 블로그, 당근 등에 단순 서비스가 아닌 전문적인 서비스를 제공한다는 이미지를 주기 위해 디자인 작업을 추가해 고객에게 신뢰도를 높이면서 고객에게 본인만의 철학을 브랜딩하세요.

* 성장 경로 예시

클린 업체를 운영하는 이씨는 당근에서 지역 아파트 청소 서비스로 시작해서 자금을 모아 특수 소재 관리, 알레르기 저감 청소, 새집 증후군 해결 등의 전문 지식을 습득하고, 고급 장비를 구입하여 '프리미엄 홈케어' 서비스로 확장했습니다. 그리고 자신 없는 마케팅은 외주를 통해 진행했습니다. 기본 청소에서 성실함으로 고객들의 신뢰를 쌓았던 이씨는 고객들에게 '프리미엄 홈케어'의 필요성을 진심으로 전달하면서 고객들을 설득했고, 지금은 많은 고정 고객을 확보했습니다. 서비스 단가는 이전보다 2배 상승했고, 전문성을 인정받아 고소득층 고객 기반을 확보했습니다.

이 세 가지 모델의 공통점은 작은 자본으로 시작하여 실제 시장 반응을 확인하고 단계적으로 성장해 나간다는 점입니다. 100만 원으로 비즈니스의 가능성을 검증하고, 500만 원으로 가치와 전문성을 높여 차별화된 서비스나 제품을 제공할 수 있습니다.

실패 후 재기하는 과정에서 100만 원, 500만 원 단계는 단순한 금액의 차이가 아니라 비즈니스 사고방식의 변화를 의미합니다. 처음에는 생존과 검증에 집중하고, 그다음에는 전문화와 브랜드화를 통해 더 높은 가치를 창출하는 전략입니다.

"작은 돈이지만 전문성과 진정성을 키울 수 있습니다." 초기 단계에서 쌓은 고객 신뢰와 경험은 어떤 투자보다 값진 자산이 됩니다. 500만 원 단계에서는 이 자산을 바탕으로 더 높은 가치의, 더 전문적인, 더 안정적인 비즈니스 모델로 성장시키는 것이 핵심입니다.

실패에서 배운 교훈을 바탕으로, 작은 성공들을 쌓아가며 단계적으로 성장해 나가세요. 결국 큰 성공은 하룻밤에 이루어지는 것이 아니라, 이런 작은 단계들의 축적을 통해 이루어집니다. 당신의 500만 원은 단순한 자본금이 아니라, 검증된 아이디어를 한 단계 더 높은 차원으로 끌어올리는 발판이 될 것입니다.

★

1,000만원으로 시작하는 사업

★

1,000만 원으로 시작하는 창업 – 사업의 시스템화와 확장

실패 후 100만 원으로 시장을 테스트하고, 500만 원으로 안정적인 수익 모델을 구축했다면, 이제 1,000만 원 단계에서는 본격적인 비즈니스 확장과 가속화를 준비할 시간입니다. 이 단계는 단순히 '생존'이나 '안정'을 넘어 '성장'과 '확장'에 초점을 맞추는 중요한 전환점입니다. 소규모 개인 사업에서 체계적인 비즈니스로 도약하기 위한 방법입니다.

제가 미용 유통 사업이 성장하면서 순이익 1,000만 원을 확보했을 때, 이를 어떻게 활용했는지 돌아보면 이 단계의 중요성을 알 수 있습니다. 그동안 혼자 모든 것을 담당하며 운영했던 방식에서 벗어나, 핵심 업무를 표준화하고 일부 기능을 외주화했습니다. 또한 고객 데이터를 체계적으로 관리하는 CRM 시스템을 도입하고, 브랜드 아이덴티티를 강화하기 위한 투자를 했습니다. 이러한 변화는 단순한 비용 지출이 아니라 비즈니스를 한 단계 끌어올리기 위한 전략적 투자였습니다.

1,000만 원 단계에서 가장 중요한 것은 '개인의 노력'에서 '시스템의 힘'으로 전환하는 것입니다. 여러분의 비즈니스가 여러분 없이도 일정 부분 작동할 수 있는 체계를 만들어야 합니다. 이것이 장사와 진정한 비즈니스 차이입니다.

표준화된 운영 프로세스 설계

1,000만 원 단계에서 할 일은 비즈니스의 모든 핵심 프로세스를 표준화하는 것입니다. 지금까지는 대부분의 일을 직관적으로, 때로는 즉흥적으로 처리했을 수 있지만, 이제는 체계적인 시스템이 준비해야 합니다.

<u>핵심 업무 매뉴얼 만들기</u>

당신의 머릿속에만 있는 업무 지식을 문서화하십시오.

이것은 선택이 아닌 필수입니다. 제품 소싱부터 고객 응대, 마케팅, 배송까지 - 모든 과정을 단계별로 정리해 누구나 따라 할 수 있게 만드세요.

제가 유통 사업을 할 때는 상품 촬영부터 SNS 포스팅, 고객 문의 응대까지 모든 과정을 구글 드라이브에 정리했습니다. 처음엔 시간이 아깝다고 생각했지만, 나중에 첫 직원을 고용하고 이 매뉴얼로 3일 만에 업무를 인수인계했을 때 그 가치를 깨달았습니다. 직원이 제품 사진을 찍는 방법부터 고객 불만 처리까지 일관되게 처리할 수 있었고, 저는 더 중요한 일에 집중할 수 있었습니다.

* **매뉴얼 작성 팁**
  - 너무 복잡하게 만들지 마세요. 핵심만 간결하게 정리하는 것이 중요합니다.
  - 스마트폰으로 업무 과정을 동영상 촬영하는 것도 좋은 방법입니다.
  - 고객 응대 시나리오, 자주 묻는 질문과 답변을 미리 준비해두세요.
  - 문제 발생 시 대처 방법도 포함시키세요.

반복 업무 자동화하기

매일 반복하는 업무 중 자동화할 수 있는 것은 모두 자동화하세요. 이는 시간 절약뿐만 아니라 실수를 줄이고 일관성을 높이는 데도 중요합니다.

제가 유통 사업이 성장하면서 가장 필요로 느낀 부분이 바로 재고 관리를 자동화하는 것이었습니다. 엑셀로 복잡하게 관리하던 것을 간단한 재고 관리 프로그램으로 바꿨고, 덕분에 매주 1~2시간을 절약할 수 있었습니다. 그 시간에 매출 관리와 마케팅에 집중했고, 매출이 10~20% 상승했습니다.

* 자동화할 수 있는 업무 예시
- 재고 관리 및 발주 알림
- 주문 확인 및 배송 알림 메시지
- 정기적인 고객 팔로업 이메일
- 소셜 미디어 콘텐츠 예약 발행
- 고객 데이터 수집 및 분석

월 1-3만 원 정도의 합리적인 가격으로 충분히 시작할 수 있습니다. 자동화에 투자한 돈은 항상 몇 배로 돌아옵니다.

고객 관리 시스템(CRM) 구축하기

고객 정보를 체계적으로 관리하는 것만으로도 매출이 증가 시킬 수 있습니다. 엑셀이나 수첩에 고객 정보를 관리하던 방식에서 벗어나 제대로 된 CRM 시스템을 도입하세요.

제 지인은 애견 미용실을 운영하면서 강아지 이름, 견종, 마지막 방문일, 선호하는 스타일 등을 CRM에 기록했습니다. 3개월 동안 방문하지 않은 고객에게 자동으로 할인 쿠폰을 보내는 시스템을 만들었더니, 재방문율이 30% 이상 증가했습니다.

* CRM 시스템으로 관리할 정보 예시
- 고객의 구매 이력 및 선호도
- 마지막 구매 후 경과 시간
- 생일이나 기념일 같은 중요한 날짜
- 고객별 맞춤 할인 정보
- 고객 피드백 및 특이사항

CRM은 처음에는 간단하게 시작해도 됩니다. 중요한 것은 지금 당장 시작하는 것입니다. 고객 100명의 정보를 체계적으로 관리하는 것만으로도 재구매율을 크게 높일 수 있습니다.

하나의 제품에서 제품 라인으로 확장하기

1,000만 원 단계에서는 안정적인 기반 위에 제품이나 서비스의 범위를 확장하는 전략이 필요합니다. 이는 기존 고객의 평균 구매액을 높이고, 새로운 고객층을 유치하는 데 효과적입니다.

베스트셀러를 중심으로 라인 확장하기

가장 잘 팔리는 제품이나 서비스를 중심으로 관련 제품을 개발하세요. 이미 인기 있는 제품의 고객층은 관련 제품도 구매할 가능성이 높습니다.

제가 헤어 제품을 판매할 때, 가장 인기 있던 파마약을 중심으로 라인업을 확장했습니다. 파마를 하면서 필수로 사용하는 샴푸, 트리트먼트 등 라인업을 확장하며 구매자의 25%가 다른 제품도 함께 구매했습니다. 라인 확장을 통해 매출을 늘릴 수 있는 예시를 알려드리겠습니다.

* 라인 확장의 방향 예시
- 사용 단계별 제품 (예: 클렌징 → 토너 → 에센스 → 크림)
- 다양한 문제 해결을 위한 제품 (예: 건성용, 지성용, 민감성용)
- 기존 제품의 업그레이드 버전 (예: 프리미엄 라인)
- 기존 제품의 보완재 (예: 메인 제품 + 액세서리)

중요한 것은 "이 제품도 필요할 것 같아요"라는 고객의 말에 귀 기울이는 것입니다. 고객은 당신에게 다음 제품 아이디어를 항상 알려주고 있습니다.

<u>**다양한 가격대의 제품 구성하기**</u>

하나의 가격대에만 집중하지 말고, 입문용부터 프리미엄까지 다양한 가격대의 제품을 구성하세요. 이는 더 많은 고객층을 유치하고 기존 고객의 업셀링 기회를 만듭니다.

베이커리를 운영하는 제 친구는 처음에 4,000원대 베이커리 제품만 판매했습니다. 그러다 1,500원짜리 미니 제품과 15,000원짜리 홀 케이크를 추가했더니 매출이 2배로 늘었습니다. 저가 제품으로 신규 고객을 유치하고, 고가 제품으로 수익을 높인 것입니다.

*** 가격대별 제품 구성 전략**
- 입문용 제품: 낮은 가격, 기본 기능, 신규 고객 유치용
- 베스트셀러: 중간 가격대, 가성비 좋은 제품
- 프리미엄 제품: 고가, 추가 기능이나 고급 패키지, 충성 고객용

각 가격대 제품이 명확한 타겟과 가치를 가지도록 포지셔닝하세요. 단순히 가격만 다른 것이 아니라, 각각의 제품이 다른 니즈를 충족시켜야 합니다.

<u>시즌별, 한정판 제품으로 신선함 유지하기</u>
정기적으로 새로운 시즌 제품이나 한정판 제품을 출시하세요. 이는 기존 고객의 흥미를 유지하고 재구매를 유도하는 좋은 방법입니다.

홈베이킹 키트를 판매하는 한 사업에서 저는 분기마다 시즌 한정판을 출시했습니다. 봄에는 벚꽃 테마, 여름에는 열대과일 테마 등으로 매번 다른 제품을 선보였습니다. 고

객들은 새로운 제품이 나올 때마다 SNS를 확인했고, 컬렉션 완성을 위해 매번 구매했습니다.

* 한정판 제품 전략 예시
- 계절이나 트렌드에 맞는 시즌 제품
- 특별한 날(크리스마스, 발렌타인 등)을 위한 기념 제품
- 유명 인플루언서나 브랜드와의 콜라보레이션 제품
- 마일스톤 기념(창업 1주년 등) 스페셜 에디션

한정판은 제품 자체보다 '한정'이라는 심리적 요소가 더 중요합니다. 기간과 수량을 명확히 제한하고, 소장 가치를 강조하세요.

당신의 제품을 브랜드로 만들기

1,000만 원 단계에서는 단순한 제품이나 서비스 판매를 넘어, 진정한 '브랜드'를 구축하는 것이 중요합니다. 강력한 브랜드는 장기적인 경쟁력의 원천이 됩니다.

브랜드 스토리 완성하기

사람들은 단순히 제품을 사는 것이 아니라, 그 제품이 담고 있는 이야기를 삽니다. 당신의 브랜드만의 진정성 있는 이야기를 만드세요.

경기가 좋지 않은 시점에 시작한 제 유통 사업의 슬로건은 "좋은 제품, 합리적 가격"였습니다. 경기가 좋지 않고, 경쟁이 치열한 시장에서 고객만족을 최우선으로 좋은 제품을 합리적인 가격으로 판매해서 상생하자는 스토리를 더 했습니다 고객들은 단순한 제품이 아닌, 이야기와 응원에 공감하는 브랜드가 목표였습니다.

* **효과적인 브랜드 스토리 요소 예시**
  - 창업자의 진솔한 여정과 동기
  - 브랜드가 해결하고자 하는 문제
  - 제품 개발 과정에서의 시행착오와 극복
  - 고객들의 삶을 어떻게 변화시키는지에 대한 비전
  - 브랜드만의 독특한 관점이나 철학

기억하세요. 완벽한 스토리는 없습니다. 오히려 진정성

있게 실패와 도전을 담은 이야기가 사람들의 마음을 움직입니다.

시각적 아이덴티티 구축하기

이제는 모든 접점에서 일관된 브랜드 이미지를 보여줄 때입니다. 로고, 색상, 포장, 웹사이트 등 모든 시각적 요소가 하나의 메시지를 전달해야 합니다.

온라인 캔들 샵을 운영하는 최 사장님은 프리랜서 디자이너에게 300만 원을 투자해 로고부터 패키지, 감사 카드, SNS 템플릿까지 모든 요소를 고급 브랜드 이미지로 통일했습니다. 그 결과 같은 제품에 가격을 50% 인상했는데도 오히려 판매가 증가했습니다. 고객들은 "인스타에서 너무 예뻐서 샀어요"라는 피드백을 주었습니다.

*** 브랜드 아이덴티티 구축 요소 예시**
- 로고 및 컬러 시스템
- 제품 패키징 및 라벨
- 웹사이트 및 SNS 디자인
- 명함, 택, 감사 카드 등 인쇄물

- 제품 사진 스타일

전문 디자이너의 도움을 받되, 당신의 브랜드 방향성과 타겟 고객을 명확히 전달하세요. 모든 요소는 타겟 고객의 취향과 브랜드 스토리를 반영해야 합니다.

고객 커뮤니티 구축하기

진정한 브랜드는 제품을 넘어 커뮤니티를 만듭니다. 고객들이 서로 소통하고 브랜드 경험을 공유할 수 있는 공간을 만드세요.

캠핑 용품을 판매하는 한 사장님은 카카오 오픈채팅방에서 캠핑 초보들을 위한 커뮤니티를 만들었습니다. 처음에는 20명으로 시작했지만, 멤버들이 캠핑 팁과 사진을 공유하면서 6개월 만에 500명 이상으로 성장했습니다. 이 커뮤니티에서 신제품 아이디어를 얻고, 신제품 테스터도 모집했습니다. 마케팅 비용을 들이지 않고도 제품 출시 때마다 첫날에 완판되는 경이로운 결과를 만들었습니다.

＊ 커뮤니티 구축 전략 예시

- 제품보다 공통 관심사를 중심으로 모임 형성
- 고객들이 자신의 경험과 노하우를 공유할 수 있는 환경 제공
- 정기적인 이벤트나 챌린지로 참여 유도
- 커뮤니티 멤버에게 특별한 혜택 제공
- 고객의 피드백을 제품 개발에 적극 반영

커뮤니티는 하루아침에 만들어지지 않습니다. 초기에는 당신이 적극적으로 관리하고 콘텐츠를 제공해야 합니다. 하지만 일단 활성화되면, 고객들이 자발적으로 브랜드 홍보대사가 되어줄 것입니다.

업무 효율화와 외주화 전략

1,000만 원 단계에서는 모든 일을 직접 하는 방식에서 벗어나, 효율적인 업무 분담과 외주화 전략이 필요합니다. 이는 성장을 위한 시간과 에너지를 확보하는 핵심 전략입니다.

외주화할 업무와 직접 할 업무 구분하기

모든 업무를 두 가지로 구분하세요. '당신만이 할 수 있는 일'과 '다른 사람도 할 수 있는 일'입니다. 후자는 과감히 외주화하세요.

소품샵을 운영하는 지인 중에 외주업체를 효과적으로 사용해서 패션 액세서리 온라인 쇼핑몰을 운영하고 있습니다. 처음에는 제품 디자인부터 사진 촬영, SNS 마케팅, 고객 응대까지 모든 일을 혼자 했지만, 매출이 늘수록 하루 16시간을 일해도 시간이 부족했습니다. 그래서 먼저 당근을 이용해서 제품 사진 촬영을 외주화했습니다. 월 30만 원 비용이 들었지만, 주당 5시간을 절약할 수 있었고, 그 시간에 신규 디자인을 개발했더니 3개월 만에 매출이 30% 증가했습니다.

*** 외주화를 고려할 업무 예시**
- 제품 사진 촬영 및 편집
- 웹사이트 관리 및 업데이트
- 소셜 미디어 콘텐츠 제작
- 단순 반복적인 고객 응대
- 물류 및 배송 관리

- 회계 및 행정 업무

외주화 결정의 기준은 '시간당 수익'입니다. 당신이 그 일에 쓰는 시간으로 더 많은 수익을 창출할 수 있다면, 외주화하는 것이 현명합니다.

단계적 외주화 전략

모든 것을 한번에 외주화하려 하지 마세요. 가장 시간이 많이 소요되거나, 당신이 잘 하지 못하는 일부터 단계적으로 외주화하세요.

온라인 쇼핑몰을 운영하는 제 고객은 외주화를 위해 이런 우선순위를 정했습니다: 1)제품 사진 촬영 2)상세 페이지 디자인 3)SNS 콘텐츠 제작 4)고객 문의 응대 5)재고 관리. 처음에는 사진 촬영만 외주화했고, 매출이 늘면서 순차적으로 다른 업무도 외주화했습니다. 1년 후에는 하루 3시간만 일하면서도 매출을 3배로 늘릴 수 있었습니다.

* 효과적인 외주화 단계 예시

1. 가장 시간이 많이 소요되는 업무 파악

2. 그 중 전문성이 필요하거나 당신이 잘 하지 못하는 일 선정

3. 명확한 업무 지침과 기대치 문서화

4. 소규모 테스트 프로젝트로 외주 파트너 평가

5. 성과에 따라 업무 범위 확장

외주 파트너는 단순히 비용만으로 선택하지 마세요. 소통 능력, 일의 품질, 납기 준수 등을 종합적으로 평가해야 합니다.

미래를 위한 팀 구축 AI 기술 사용하기

1,000만 원 단계에서는 장기적인 성장을 위한 팀 구축 기반을 마련해야 합니다. 그러나 단순히 인력을 늘리는 것은 너무 큰 비용과 리스크가 있습니다. 직원 고용에 앞서, 비즈니스의 핵심 역량을 강화할 수 있는 AI 기술을 효과적으로 활용해보세요.

<u>AI 기술 활용으로 생산성 극대화</u>

1,000만 원 단계에서는 제한된 자원에서 최대의 효과를 내야 합니다. 여기서 AI 기술의 활용은 생산성을 크게 높일

수 있는 전략입니다.

* AI 기술 활용 영역 예시
- 콘텐츠 생성: 블로그 포스트 초안, 소셜 미디어 캡션, 제품 설명 등
- 고객 서비스: 챗봇을 통한 기본적인 문의 응대 및 FAQ 제공
- 데이터 분석: 판매 트렌드, 고객 행동 패턴, 마케팅 성과 분석
- 번역 및 현지화: 다국어 콘텐츠 제작으로 시장 확대
- 이미지 및 디자인 작업: 기본적인 디자인 작업 및 이미지 편집

AI 도구는 인간의 업무를 완전히 대체하기보다는 보조하는 역할로 활용하는 것이 효과적입니다. 예를 들어, AI로 콘텐츠의 초안을 생성한 후 인간이 검토하고 최종 조정하는 방식으로 업무 효율을 높일 수 있습니다.

온라인 마케팅을 하면서 AI 도구를 활용해 각 타깃 고객층에 맞는 광고 문구를 다양하게 생성하고 테스트했습니다. 이를 통해 A/B 테스트의 범위를 넓히고, 더 효과적인 마케팅 메시지를 발견할 수 있었습니다. 또한 고객 문의 응대에 AI 챗봇을 도입하여 기본적인 질문에 24시간 대응함으로써 고객 만족도를 높이고 팀의 업무 부담을 줄일 수 있었습니다.

1,000만 원으로 시작하는 비즈니스 모델

100만 원으로 시장 가능성을 검증하고, 500만 원으로 전문성과 안정적인 고정 고객을 확보 했다면, 이제 1,000만 원으로 시스템화된 사업 구조를 구축하여 본격적인 확장과 성장을 준비할 시간입니다. 이 단계는 '개인 사업자'에서 '사업가'로 도약하는 중요한 전환점입니다. 100만 원 단계가 생존을, 500만 원 단계가 안정화를 목표로 했다면, 1,000만 원 단계는 확장과 규모의 경제를 실현하는 데 집중합니다.

<u>1. 프리랜서 서비스에서 에이전시/교육 사업으로</u>
  * **투자 내역 예시(1,000만 원)**
    - 업무 시스템 구축: 100만 원 (CRM, 프로젝트 관리, 회계/청구 시스템)
    - 외주 인력풀 구축: 450만 원 (계약서 작성, 인력 모집, 교육)
    - 교육 프로그램 개발: 250만 원 (온라인 강의 제작, 교재 개발)
    - 마케팅 및 브랜딩: 200만 원 (전문성 있는 브랜드 이미지 구축)

*** 실행 계획**

500만 원 단계에서 개인 브랜드와 고정 고객을 확보했다면, 이제는 업무를 체계화하고 규모를 확장할 시간입니다. 핵심은 '시간 대비 수익'을 극대화하는 구조를 만드는 것입니다.

첫째, 모든 업무를 핵심 업무와 비핵심 업무로 구분합니다. 본인만이 할 수 있는 가치 있는 업무(컨설팅, 전략 수립, 창의적 디자인 등)와 외주 가능한 업무(단순 디자인 작업, 데이터 입력, 리서치 등)를 명확히 구분하세요. 그리고 비핵심 업무에 대한 명확한 매뉴얼과 가이드라인을 만들어 프리랜서나 파트타임 직원에게 외주할 수 있는 시스템을 구축합니다.

둘째, 기존 서비스를 교육 상품으로 변환합니다. 본인의 노하우와 경험을 체계화하여 온라인 강의, 워크숍, 멘토링 프로그램 등으로 개발하세요. 이 과정에서 단순히 기술만 가르치는 것이 아니라, 고객 확보, 가격 책정, 서비스 제공 전략 등 실제 프리랜서로 성공하는 데 필요한 모든 요소를 포함시키세요.

셋째, 인재 발굴 및 육성 시스템을 구축하여 전문 에이전시로 성장합니다. 이 단계는 단순히 외주를 주는 것을 넘어, 체계적으로 인재를 발굴하고 육성하여 다양한 프로젝트에 투입할 수 있는 에이전시 모델을 구축하는 것입니다. 교육 프로그램의 우수 수료생을 인턴십으로 연결하고, 실전 경험을 쌓게 한 후 정식 팀원으로 영입하는 파이프라인을 구축하세요.

이 과정에서 중요한 것은 단순한 인력 관리가 아닌 '인재 육성 시스템'입니다. 각 분야별 표준화된 교육 커리큘럼, 실무 투입 프로세스, 성과 평가 시스템을 갖추고, 팀원들이 지속적으로 성장할 수 있는 환경을 조성해야 합니다. 이를 통해 한 명의 전문가에서 여러 명의 전문가 팀으로 사업을 확장할 수 있습니다.

또한 각 분야별 전문성을 갖춘 강사진을 확보하여 교육 사업의 다각화를 추진하세요. 초기에는 본인의 전문 분야에 집중했다면, 이제는 관련 분야로 확장하여 종합 교육 플랫폼으로 성장할 수 있습니다. 예를 들어 웹 디자인에서 시작했다면 UX/UI, 그래픽 디자인, 모션 그래픽 등으로 영역을 넓혀 나갈 수 있습니다.

* 성장 경로 예시

'디지털 마케터 김씨'는 소셜미디어 마케팅 프리랜서로 시작해 500만 원 투자로 안정적인 고객층을 확보했습니다. 이후 정부지원금과 1,000만 원을 추가 투자하여 '디지털 마케팅 스튜디오'라는 법인을 설립하고, 업무를 체계화했습니다. 콘텐츠 제작, 데이터 분석 등은 외주 전문가에게 맡기고, 본인은 전략 수립과 클라이언트 관리에 집중했습니다.

동시에 '8주 완성 소셜미디어 마케팅 마스터' 온라인 코스를 개발하여 한 달 만에 50명의 수강생을 모집했습니다. 현재는 매출의 40%가 서비스 제공, 60%가 교육에서 발생하며, 월 매출 3,000만 원, 순이익 1,000만 원의 안정적인 사업을 운영하고 있습니다. 특히 교육생 중 우수한 인재는 외주 인력으로 활용하는 선순환 구조를 만들어 인력 확보와 품질 관리 두 마리 토끼를 잡았습니다.

2. 수제품 판매에서 브랜드 유통 사업으로

* 투자 내역 예시(1,000만 원)

- 제품 대량 생산 체계 구축: 500만 원 (OEM 제작, 품질 관리,

재고 관리)
- 브랜드 강화 및 콘텐츠 제작: 200만 원 (전문 브랜딩, 스토리텔링, SNS/유튜브 콘텐츠)
- 오프라인 유통망 구축: 100만 원 (소품샵 납품, 팝업 스토어 운영)
- 온라인 쇼핑몰 고도화: 100만 원 (UX 개선, 자동화 시스템, 재구매율 향상)
- 상품 패키징 및 고객 경험 향상: 100만 원 (프리미엄 패키징, 언박싱 경험 개선)

*실행 계획

500만 원 단계에서 온라인 쇼핑몰과 안정적인 고객층을 확보했다면, 이제는 대량 생산 체계와 브랜딩을 통해 '소규모 수제품 판매'에서 '브랜드 유통 사업'으로 도약할 시간입니다.

첫째, 제품 라인을 '대중적 인기 상품'과 '브랜드 아이덴티티 상품'으로 구분하여 전략적으로 운영합니다. 대중적 인기 상품은 OEM 또는 외주를 통해 대량 생산하여 안정적인 매출을 확보하고, 브랜드 아이덴티티 상품은 직접 소량 제작하여 브랜드의 독특한 스타일과 가치를 전달하세요. 이 두 가지 접근을 균형 있게 조합하면 안정적인 수익과 브랜드 가치를 동시에 확보할 수 있습니다.

둘째, 단순 제품 판매를 넘어선 브랜드 스토리텔링에 집중합니다. SNS와 유튜브를 활용해 제품 소개, 제작 과정, 스타일링 팁, DIY 방법 등 다양한 콘텐츠를 제작하세요. 제품 자체보다 제품이 전달하는 라이프스타일과 가치에 초점을 맞추어, 단순한 구매자가 아닌 브랜드의 팬을 만들어야 합니다. 특히 '힐링', '환경 보호', '소확행' 등 현대인의 감성을 자극하는 메시지를 브랜드와 연결하면 더 강력한 공감을 이끌어낼 수 있습니다.

셋째, 온라인에만 머물지 말고 오프라인으로 확장하세요. 전국의 소품샵, 라이프스타일 숍, 카페 등에 납품하거나, 백화점이나 대형 쇼핑몰의 팝업 스토어에 참가하는 등 다양한 오프라인 접점을 만드세요. 이는 브랜드 노출을 늘리고 신뢰도를 높이는 동시에, 온라인에서 경험할 수 없는 제품의 질감과 분위기를 직접 전달할 수 있는 기회가 됩니다.

* 성장 경로 예시

온라인 수제품샵을 운영하는 박씨는 원목 소품 제작으로 시작해 1,000만 원을 추가 투자하여 대표 상품인 원목 코스터와 트레이는 OEM으로 대량 생산하고, 특별한 디자인의 원목 조명과 액자는 직접 소량 제작하는 이원화 전략을 실행했습니다.

동시에 '나무와 함께하는 느린 삶'이라는 주제로 SNS를 운영하며, 제품 소개뿐 아니라 나무 관리법, 인테리어 팁, 숲 체험기 등 다양한 콘텐츠를 제작했습니다. 이 과정에서 유명 인테리어 블로거와의 협업, 환경 보호 캠페인 참여 등을 통해 브랜드 인지도를 높였습니다.

또한 소품샵에 제품을 납품하고, 분기별로 팝업 스토어에 참가했습니다. 현재는 월 매출 2,500만 원을 달성했으며, 일본 바이어로부터 수출 제안을 받아 해외 시장 진출을 준비 중입니다.

3. 전문 서비스에서 조직화된 서비스 기업으로

*** 투자 내역 예시(1,000만 원)**
- 직원 채용 및 교육: 400만 원 (핵심 인력 인센티브 채용 및 교육)
- 서비스 매뉴얼 및 교육 시스템 개발: 100만 원 (표준화된 서비

스 프로세스, 교육 자료)
- 사무실 및 운영 시스템: 500만 원 (소규모 사무실, 예약/관리 시스템)

***실행 계획**

500만 원 단계에서 전문 서비스와 고정 고객을 확보했다면, 이제는 조직을 구축하고 시스템화하여 '개인 서비스'에서 '서비스 기업'으로 도약할 시간입니다.

첫째, 서비스의 모든 과정을 표준화하고 매뉴얼화하세요. 고객 응대부터 서비스 제공, 사후 관리까지 모든 단계를 체계화하여 누가 서비스를 제공하더라도 일관된 서비스 품질을 유지할 수 있도록 해야 합니다. 이 과정에서 보다 효율적인 작업 방식, 고객 만족도를 높이는 서비스 포인트 등을 발견하고 반영하세요.

둘째, 핵심 인력을 채용하고 철저히 교육합니다. 이들은 단순한 직원이 아니라 미래 매니저이자 사업의 파트너가 될 수 있는 인재여야 합니다. 기술적인 교육뿐 아니라 고객 응대, 문제 해결, 서비스 철학 등 소프트 스킬도 철저히 가르쳐야 합니다. 이 과정에서 본인은 '서비스 제공자'

에서 '교육자'이자 '관리자'로 역할을 전환하게 됩니다.

셋째, 서비스를 등급화하고 프리미엄 서비스를 개발하세요. 기본 서비스는 직원들이 담당하고, 프리미엄 서비스나 VIP 고객 관리는 본인이 직접 담당하는 구조로 운영하면 효율성과 수익성을 모두 확보할 수 있습니다. 또한 정기 관리 프로그램, 연간 계약 패키지 등을 개발하여 안정적인 수익 기반을 더욱 강화하세요.

넷째, 교육 사업을 준비하세요. 본인의 전문성과 노하우를 담은 교육 프로그램을 개발하여 새로운 수익원을 창출하고, 동시에 인력 확보 채널로 활용할 수 있습니다. 실무자 대상의 전문 교육과 일반인 대상의 입문 교육을 구분하여 설계하면 더 넓은 시장을 공략할 수 있습니다.

* 성장 경로 예시

'클린하우스'를 운영하는 이씨는 프리미엄 홈케어 서비스로 안정적인 고객층을 확보한 후, 1,000만 원을 추가 투자하여 사업을 확장했습니다. 먼저 모든 서비스 과정을 12개 항목으로 세분화하여 상세한 매뉴얼을 개발하고, 인센티브 제도로 3명의 직원을 채용하여 2주간의 집중 교육을 실시했습니다.

서비스를 '기본 클리닝', '프리미엄 클리닝', 'VIP 토탈케어'로 등급화하여 직원들은 기본과 프리미엄 서비스를, 이 씨 본인은 VIP 고객과 신규 서비스 개발에 집중했습니다. 또한 '클린하우스 아카데미'를 설립하여 월 2회 청소 전문가 양성 과정을 운영하며, 수료생 중 우수한 인재는 직원이나 파트너로 영입했습니다.

현재는 3명의 직원을 둔 회사 사장으로 성장하고, 월 매출 4,500만 원, 순이익 2,000만 원을 달성했습니다. 최근에는 오피스 클리닝과 상업시설 클리닝으로 서비스 영역을 확장하고, 타 지역 가맹점 운영도 검토 중입니다. 교육 사업에서도 성공을 거두어 '홈케어 마스터' 자격증 과정을 개설하고, 관련 책을 출간하여 업계의 권위자로 자리매김했습니다.

1,000만 원 단계의 핵심: 시스템화와 조직화를 통한 확장

1,000만 원 단계에서는 개인의 노력과 시간에 의존하는 비즈니스 모델에서 벗어나, 시스템화와 조직화를 통해 확장 가능한 구조를 만드는 것이 핵심입니다. 이는 단순히 매출

을 늘리는 것이 아니라, '사업의 자산 가치'를 높이는 과정입니다.

첫째, 모든 프로세스를 체계화하고 문서화하세요. 서비스 제공 방식, 고객 응대 매뉴얼, 품질 관리 기준 등을 명확하게 정립하여 누구든 일정 수준 이상의 결과물을 만들 수 있게 해야 합니다. 이는 사업의 확장성을 높이고, 미래에 사업 양도나 인수 시에도 가치를 인정받는 중요한 자산이 됩니다.

둘째, 핵심 역량과 외주 가능 업무를 구분하여 효율적인 조직 구조를 설계하세요. 모든 일을 직접 하거나 모든 직원을 정규직으로 채용할 필요는 없습니다. 핵심 역량은 내부에 확보하고, 나머지는 외주나 파트너십을 통해 유연하게 운영하는 전략이 효과적입니다.

셋째, 수익원을 다각화하세요. 기존 서비스나 제품 판매뿐 아니라, 교육, 컨설팅, 라이센싱, 구독 모델 등 다양한 수익 모델을 개발하여 사업의 안정성과 성장성을 동시에 확보하세요. 특히 일회성 매출보다는 반복적이고 예측 가능한 수익 구조를 만드는 것이 중요합니다.

넷째, 브랜드 가치를 높이세요. 제품이나 서비스의 기능적 가치를 넘어, 감성적 가치와 사회적 가치를 담은 브랜드 스토리를 개발하고 일관되게 전달하세요. 강력한 브랜드는 경쟁이 심화되는 시장에서 지속적인 경쟁 우위를 제공합니다.

1,000만 원 단계에서 성공적으로 시스템화와 조직화를 이루면, 이후 본격적인 사업 확장이나 투자 유치로 나아갈 수 있는 탄탄한 기반이 마련됩니다. 실패 후 재기하는 과정에서 100만 원, 500만 원, 1,000만 원으로 단계적으로 성장해온 당신은 이제 진정한 기업가로 도약할 준비가 되었습니다. 앞으로의 성장에는 더 큰 자본이 필요하지만, 지금까지 쌓아온 경험과 시스템은 그 어떤 자본보다 값진 자산이 될 것입니다.

4단계 마무리
실패를 극복하는 길은 단순한 지식이나 이론이 아닌 행

동을 통해 완성됩니다. 우리는 지금까지 상처의 치유부터 마인드셋 구축, 그리고 실질적인 실행 전략까지 실패 극복의 전 과정을 함께 살펴보았습니다. 100만 원, 500만 원, 1,000만 원으로 단계적으로 성장해가는 구체적인 방법론을 통해 실패 후 재기의 실천적 로드맵을 제시했습니다.

실패 극복의 핵심은 지식의 축적이 아니라 행동의 실천에 있습니다. 아무리 뛰어난 전략과 지혜도 행동으로 옮기지 않으면 무용지물입니다.

여러분이 이 책을 통해 실패의 쓴맛을 극복하고 새로운 시작을 향한 용기를 얻었기를 바랍니다. 실패는 끝이 아니라 새로운 시작점이 될 수 있습니다. 오히려 실패의 경험은 앞으로의 여정에서 더 큰 성공을 이룰 수 있는 소중한 밑거름이 될 것입니다.

기억하세요. 성공한 사람들의 공통점은 그들이 실패를 겪지 않았다는 것이 아니라, 실패 후에도 다시 일어나 행동했다는 점입니다. 당신의 실패는 약점이 아니라, 이제는 당신만이 가진 특별한 강점이 될 수 있습니다.

이제 책을 덮고 실제 행동에 나설 시간입니다. 계획만으로는 아무것도 변하지 않습니다. 작은 시작이라도 괜찮습니다. 오히려 작은 성공들을 차근차근 쌓아가는 것이 지속 가능한 성장의 비결입니다. 완벽한 타이밍이나 완벽한 조건을 기다리지 마세요. 지금 가진 것으로, 지금 할 수 있는 만큼 시작하는 것이 최선의 전략입니다.

실패의 상처를 치유하고, 원인을 분석하고, 마인드셋을 바꾸는 과정을 거쳐 이제 마침내 행동의 단계에 도달했습니다. 이 모든 준비는 바로 이 순간, 당신이 새로운 첫 걸음을 내딛기 위한 것이었습니다.

당신의 실패 극복 여정은 이 책을 덮는 순간부터 진정으로 시작됩니다. 그리고 그 여정에서 이 책이 든든한 동반자가 되기를 바랍니다. 실패를 두려워하지 않고 도전하는 당신의 용기 있는 행동이 새로운 성공 스토리의 첫 페이지가 될 것입니다.

행동하세요. 지금 바로, 이 순간부터. 당신의 진정한 재기는 바로 그 첫 걸음에서 시작됩니다.

7부

★

실패에 쓰러지지 않는 당신을 위해

★

실패에서 일어나기 위한 작가의 이야기

★

　당신의 삶에 어둠이 내려앉은 적이 있나요? 모든 것을 잃었다는 절망감에 밤새 뒤척인 적이 있나요? 저는 그런 밤들을 셀 수도 없이 보냈습니다. 3억 원의 빚, 잃어버린 집, 텅 빈 통장과 함께 홀로 남겨진 그 순간들을 지금도 생생히 기억합니다.

　저의 실패 이야기는, 누구나 한 번쯤 꿈꾸는 '성공'에 대한 열망으로 시작됩니다. 10대 시절부터 성공학과 철학에 빠져 있던 나는 항상 큰 꿈을 꿨습니다. 남들과 달라지고 싶었고, 무언가 대단한 사람이 되고 싶었습니다. 하지만 내 내면에는 조급함이 있었고, 그것이 실패의 첫 번째 씨앗이었을지 모릅니다.

한국의 전문대를 다니다 군대를 다녀온 후, 중국으로 유학을 떠났습니다. 그곳에서 우연히 시작한 과외 사업이 내 첫 번째 사업 경험이었습니다. ADHD 성향의 한 아이를 가르치며 얻은 경험을 바탕으로, 유학생들과 과외를 원하는 사람들을 연결해주는 중개 사업을 시작했죠. 심지어 패션쇼 현장에 러시아 모델도 소개하며 중간 수수료를 받고, 한중 무역까지 확장해 나갔습니다.

모든 것이 순조롭게 돌아가는 듯했습니다. 사람들의 필요를 발견하고, 그 필요를 충족시켜주고, 그 과정에서 가치를 창출하는 것—그것이 비즈니스의 본질임을 배웠습니다. 하지만 제가 간과한 것이 있었습니다. '지속 가능성'과 '위험 관리'였죠.

어느 날 갑자기 사드(THAAD) 문제로 한중 관계가 악화되었고, 내 사업 기반은 하루아침에 무너져 내렸습니다. 외부 요인에 대한 대비가 전혀 없던 저는 결국 한국으로 돌아와야 했습니다. 이것이 내 첫 번째 실패에서 배운 교훈입니다: 단기적인 성공에 취해 장기적인 위험 요소를 간과하지 말라.

한국으로 돌아온 저는 언어 실력을 살려 승무원이 되려

했지만, 우연한 기회에 영업사원이 되었습니다. 놀랍게도 영업은 제게 잘 맞았습니다. 사람들과 쉽게 친해지고 자연스럽게 제품 계약을 성사시키며 팀 내에서 1등도 자주 했습니다.

그러던 중 코로나19가 터졌고, 주식 시장이 요동치기 시작했습니다. 처음에는 손해를 봤지만, 시장이 반등하면서 예상치 못한 큰돈을 벌게 되었습니다. 이 성공에 도취된 저는 영업을 그만두고 '전문 투자자'가 되기로 결심했죠. 대출과 신용거래를 활용한 '빚투'로 빠르게 30억을 모아 조기 은퇴하겠다는 야망을 품었습니다.

하지만 현실은 냉혹했습니다. 주식 시장은 내 계획대로 움직이지 않았고, 결국 3억이라는 어마어마한 빚만 남았습니다. 개인회생 절차를 밟게 된 저는 심각한 절망에 빠졌습니다. 빚은 눈덩이처럼 불어났고, 어떻게 해야 할지 막막했습니다. 자살도 여러 번 생각했습니다.

이 두 번째 실패에서 배운 교훈은 분명했습니다. 자만심은 위험하다. 단기간의 성공이 내 능력 때문이라고 착각하면 안 된다. 운이 크게 작용했음을 인정해야 한다. 리스크를 관리하고, 단계적으로 성장하는 인내심이 필요하다.

절망 속에서도 마지막으로 한 번은 도전해보고 싶었습니다. 주변의 도움으로 미용 재료 유통 사업을 시작했고, 이전 실패의 교훈을 바탕으로 더 신중하게 접근했습니다. 1년 동안 3억이라는 매출을 달성하며 다시 일어서는 듯했습니다.

그러나 인생은 쉽게 풀리지 않았습니다. 동업자와 다툰 후, 약속했던 50%의 지분을 인정받지 못했고, 민사와 형사로 고소까지 당하며 회사의 모든 수익을 빼앗겼습니다. 집도 잃고 통장에 50만 원도 없는 상태로 내쫓기게 되었습니다.

실패에 또 실패가 겹치면서 정말 무기력감과 자살 충동이 강하게 밀려왔습니다. 하지만 이번에는 달랐습니다. 실패학 1단계에서 배운 치유의 과정을 의식적으로 적용했습니다. 한 달 동안 골방에서 돈이 없어 밥도 제대로 못 먹으면서 성경을 읽고 기도하며 마음의 평화를 찾았습니다.

다시 일어나기로 결심한 저는 주짓수 도장 관장님 집에 머물면서 정신과 몸의 건강을 회복하는 데 집중했습니다. 3일 동안 아무것도 하지 않고 나의 실패를 돌아 보고며 다시 일어날 방법만을 생각했습니다.

관장님에게 1,000만 원을 빌려 다시 제품을 생산하고 판매하기 시작했습니다. 동시에 투자 실패를 통해 배운 지식과 경험을 활용해 투자자를 찾았고, 1억을 투자받아 수익의 30%를 받는 조건으로 투자를 대신해 주었습니다. 1년 동안 5,600만 원의 수익을 내고 그 중 1,000만 원을 받아 다시 제품을 추가했습니다.

이 과정에서 이 책의 실패 극복의 모든 단계를 의식적으로 적용했습니다. 실패 후 자책하기보다 내 몸과 마음을 먼저 돌봤습니다. 운동과 기도를 통해 정신적 회복력을 길렀고, 자기 비난이 아닌 자기 수용의 자세를 가졌습니다. 이전 실패의 패턴을 객관적으로 분석했고, 외부 요인과 내부 요인을 명확히 구분했습니다. 분석 마비에 빠지지 않고 작은 행동부터 시작했으며, 성공한 멘토에게 적극적으로 조언을 구했습니다.

지금도 상황이 완전히 좋아진 것은 아닙니다. 여러 상표권 문제와 법적 분쟁이 남아있지만, 이제는 그런 문제도 해결 방법을 찾아가고 있습니다. AI를 활용해 변호사 비용을 절약하고, 상표권을 되찾고, 민사와 형사 소송에서 승소로 이끌었습니다.

아직 내가 완전히 성공했다고 말할 수는 없습니다. 하지만 씨앗을 심고 있고, 절대 무너지지 않으려 노력하고 있습니다. 실패는 나를 힘들게 했지만, 다시 일어설 수 없다는 좌절보다는 방법을 하나씩 찾아가는 선택을 했습니다.

가장 큰 변화는 내 마음가짐입니다. 자존심과 자만이 성공을 만드는 것이 아니라, 실패가 나를 성장시키고 겸손하게 만들어 남에게 배우려 하지 않던 저를 변화시켰습니다. 그래서 멘토를 찾고, 공부하고, 나의 팀을 만들 수 있었습니다.

내 경험에서 배운 진정한 교훈은 실패가 결과가 아닌 과정이라는 것입니다. 실패를 끝으로 볼 것인지, 새로운 시작으로 볼 것인지는 전적으로 당신의 선택입니다. 저는 매번 실패할 때마다 그것을 배움의 기회로 삼았고, 결국 그것이 저를 성장시켰습니다. 실패 후의 슬픔, 분노, 절망은 자연스러운 감정입니다. 그 감정을 부정하지 말고 인정하되, 그것이 당신의 판단을 흐리게 해서는 안 됩니다.

반복되는 실패에는 반드시 패턴이 있습니다. 나의 경우 '빠른 성공에 대한 욕심'과 '계약과 법적 문제에 대한 무지'가 반복되는 패턴이었습니다. 크게 성공하기 위해 크게 시작할 필요는 없습니다. 1,000만 원으로 시작한 비즈니스가 지금은 점차 성장하고 있습니다. 작게 시작해 점진적으로 확장하는 것이 더 안전하고 지속 가능한 방법입니다. 또한 혼자서는 할 수 있는 일이 제한되어 있습니다. 신뢰할 수 있는 파트너와 멘토, 그리고 팀이 있을 때 더 큰 성공을 이룰 수 있습니다.

당신이 지금 어떤 어려움을 겪고 있든, 어떤 실패를 경험했든, 그것이 당신의 끝이 아니라는 것을 기억하세요. 저도 여러 번 무너졌고, 여러 번 일어섰습니다. 그리고 당신도 할 수 있습니다. 실패는 당신을 정의하지 않습니다. 오히려 그 실패를 어떻게 극복하느냐가 당신의 진정한 가치를 결정할 것입니다. 지금 당장은 어둠 속에 있더라도, 그 어둠을 뚫고 나올 힘이 당신 안에 있다는 것을 믿으세요.

저는 여전히 도전 중이고, 여전히 배우는 중입니다. 그리고 당신도 그럴 수 있습니다. 함께 넘어지고, 함께 일어서고, 함께 성장해 나가는 여정에 당신을 초대합니다. 당신도 할 수 있습니다. 힘들어도 일어날 수 있습니다. 그것이 제가 실패를 통해 배운 가장 큰 진실입니다.

★

실패에서 계속 도전하는 당신을 위해

★

 이 책의 마지막 페이지까지 함께 온 당신에게 진심으로 감사드립니다. 지금 이 글을 읽고 있다는 것은, 당신이 포기하지 않았다는 증거입니다. 어쩌면 지금 당신은 깊은 절망의 한가운데 있을지도 모릅니다. 혹은 이미 여러 번 넘어지고 다시 일어서는 과정을 겪고 있을 수도 있습니다. 어떤 상황이든, 당신은 혼자가 아닙니다.
 우리 모두에게는 각자의 실패 이야기가 있습니다. 앞서 나누었던 나의 실패학 이야기처럼, 당신도 지금 자신만의 이야기를 써내려가고 있을 것입니다. 그 이야기가 얼마나 고통스러운지, 얼마나 무거운 짐을 지고 있는지 너무나 잘 알고 있습니다.

빚은 단순한 숫자가 아닙니다. 그것은 매일 아침 눈을 뜨는 순간부터 밤에 잠자리에 들 때까지 우리를 짓누르는 무게입니다. 하지만 그 빚도, 실패도, 좌절도, 모두 극복할 수 있습니다. 시간이 걸리고 고통스러운 과정일지라도, 한 걸음씩 나아갈 수 있습니다.

주변의 무시와 비난은 때로 실패 그 자체보다 더 견디기 어려울 수 있습니다. "그럴 줄 알았어", "네가 그렇지 뭐", "어차피 안 될 거야"라는 말들은 마치 날카로운 칼처럼 우리의 마음을 찌릅니다. 하지만 기억하세요. 그런 말을 하는 사람들은 당신의 여정을 함께 걷고 있지 않습니다. 그들은 당신이 매일 아침 일어나 다시 도전하는 그 용기를 모릅니다.

더 어려운 것은 우리 스스로가 만들어내는 절망과 우울함입니다. 자책, 후회, 자기 비하의 목소리가 머릿속에서 계속 울려 퍼질 때, 그것은 어떤 외부의 비난보다 더 강력합니다. 하지만 그 내면의 목소리도 결국은 당신이 통제할 수 있습니다.

삶은 생각보다 훨씬 깁니다. 지금의 실패는 긴 여정에서 보면 하나의 장에 불과합니다. 그리고 어떤 문제든 해결할 수 있는 방법은 반드시 존재합니다. 때로는 그 방법이 바로 보이지 않을 수 있지만, 포기하지 않고 계속 찾는다면 결국 길은 열립니다.

가장 중요한 것은 스스로가 자신을 포기하지 않는 것입니다. 세상 모든 사람이 당신을 포기한다 해도, 당신만큼은 자신을 포기해서는 안 됩니다. 당신은 가치 있는 존재이고, 당신의 인생은 의미가 있습니다. 실패는 당신의 가치를 정의하지 않습니다. 오히려 그 실패를 어떻게 대하느냐가 당신의 진정한 가치를 결정합니다.

스스로를 사랑하는 법을 배우세요. 완벽하지 않아도 괜찮습니다. 실수를 했어도 괜찮습니다. 그것이 인간이고, 그것이 삶입니다. 중요한 것은 과거의 실수를 반복하지 않고, 매일 조금씩 더 나은 자신이 되기 위해 노력하는 것입니다.

마지막으로, 당신의 옆에는 항상 누군가가 있다는 것을 기억하세요. 보이지 않는 곳에서 당신을 지키고 사랑하는 힘이 있습니다. 그 존재를 느끼는 방식은 사람마다 다를 수 있지만, 우리는 모두 혼자가 아닙니다. 내가 가장 어두운 순간에도 나를 붙잡아 준 것은 그 보이지 않는 사랑과 위로였습니다. 당신도 그 사랑을 느낄 수 있기를 진심으로 바랍니다.

 이제 이 책을 덮고 현실로 돌아갈 시간입니다. 하지만 기억하세요. 당신의 이야기는 아직 끝나지 않았습니다. 사실은 지금부터가 진짜 시작입니다. 실패에서 진정한 사업가로, 더 나아가 진정한 자신으로 성장해 나가는 여정이 기다리고 있습니다.

 그 여정에 저도 함께하고 있습니다. 우리는 같은 길을, 같은 고통을, 같은 희망을 품고 걷고 있습니다. 힘들 때 이 책을 다시 펼쳐보세요. 당신이 혼자가 아니라는 것을, 다시 일어설 수 있다는 것을 기억하세요.

 실패를 넘어, 진정한 성공을 향해 함께 걸어갑시다. 당신의 여정에 축복이 함께하기를 진심으로 바랍니다.

 함께 걷는 이 여정에서, 언제나 응원하겠습니다.

에필로그

다시 일어서는 그 순간까지

 책을 쓰기로 결심했던 그날, 나는 이렇게 많은 이야기가 될 줄 몰랐습니다. 원래는 실패 후 이야기를 간단한 담으려 했는데, 글을 쓰면 쓸수록 어디선가 힘든 하루를 견디고 있을 분들이 떠올랐습니다. 상처와 고통, 그리고 그것을 통해 배운 모든 것들을 솔직하게 나누는 과정은 저 자신에게도 또 다른 치유의 여정이었습니다.

 돌이켜보면, 실패는 제 삶을 돌아보고, 저 자신을 돌아보는 소중한 시간이었습니다. 성공했을 때는 보지 못했던 것들을 실패를 통해 볼 수 있었고, 듣지 못했던 목소리들을 들을 수 있었습니다. 넘어질 때마다 조금씩 더 단단해지고, 조금씩 더 겸손해지고, 조금씩 더 현명해졌습니다. 성공은 자만심을 키웠지만, 실패는 자기 이해와 공감력을 키웠습니다.

실패는 우리 모두에게 찾아옵니다. 누구도 예외는 없습니다. 다만 그 실패를 어떻게 마주하느냐가 다를 뿐입니다. 저는 여러 번 넘어졌고, 여러 번 다시 일어섰습니다. 완벽하게 다시 일어선 것은 아닙니다. 지금도 저는 여전히 흔들리고, 실수하고, 때로는 두려워합니다. 완벽한 성공자가 아닌, 계속해서 시도하고 실패하면서도 포기하지 않는 평범한 사람의 이야기를 나누고 싶었습니다.

누군가에게는 이 책이 어두운 밤길을 밝히는 작은 불빛이 되길 바랍니다. 모든 분들이 성공하기를 바라지만, 만약 실패하더라도 그 실패가 당신을 끝내지 않기를 간절히 바랍니다. 오히려 그 실패가 당신을 더 멀리, 더 높이 데려가는 디딤돌이 되기를 바랍니다.

실패의 순간에 가장 어려운 것은 그 무게를 혼자 감당해야 한다는 외로움입니다. 때로는 숨 쉬는 것조차 버거울 만큼 힘든 순간이 있을 겁니다. 밤새 잠 못 이루고 불안과 두려움에 시달릴 때, 빚 독촉 전화에 심장이 멎을 것 같은 순간, 주변 사람들의 냉담한 시선이 가슴을 후벼팔 때... 그럴 때는 그저 오늘 하루만 버티세요. 내일은 조금 더 나아질 테니까요.

저는 실패의 바닥에서 알게 된 가장 큰 진실을 나누고 싶습니다. 모든 밤이 지나면 결국 아침이 옵니다. 어떤 폭풍도 영원히 지속되지 않습니다. 당신이 지금 겪고 있는 고통은 당신의 전부가 아니며, 영원히 지속되지 않을 것입니다. 가장 어두운 시간은 동이 트기 직전이라는 말이 있습니다. 그 어둠 속에서도 다음 날을 기다릴 수 있는 힘을 찾으시길 바랍니다.

실패의 여정은 여기서 끝이 아닙니다. 저는 지금도 배우는 중이고, 성장하는 중이고, 때로는 실패하는 중입니다. 그리고 그 과정에서 계속해서 새로운 삶을 발견하고 있습니다. 당신도 자신만의 실패학을 써내려가길 바랍니다. 당신의 실패 속에서 피어나는 지혜의 꽃을 기대합니다.

"실패해도 괜찮다. 다시 일어날 수 있다."

이 말이 단순한 위로가 아닌, 당신의 가슴 깊은 곳에서 울려 퍼지는 진실이 되기를 바랍니다. 언젠가 당신도 누군가에게 이렇게 말할 수 있는 날이 올 겁니다.

"나도 거기 있었어. 그리고 여기까지 왔어."

마지막으로, 이 책이 세상에 나올 수 있도록 도와준 모든 분들에게 감사드립니다. 특히 내가 가장 어두운 순간에도 곁을 지켜준 가족들, 친구들, 멘토들에게 깊은 감사를 전합니다. 또한 이 책을 끝까지 읽어주신 여러분 한 분 한 분에게도 진심으로 감사드립니다. 당신의 여정에 작은 빛이 되었기를 바랍니다.

1판 1쇄 발행일	2025년 6월25일
지은이	최폴
펴낸이	황준연
표지 본문 디자인	오형석
펴낸곳	작가의 집
출판사등록	2024.2.8(제2024-9호)
주소	제주도 제주시 화삼북로 136, 102-1004
이메일	huang1234@naver.com
연락처	010-7651-0117
홈페이지	https://class.authorshouse.net
ISBN	ISBN 979-11-990621-8-4(03320)

· 이 책은 저작권법에 의하여 보호를 받는 저작물이므로 무단 전재와 복제를 금합니다.
· 파본은 구입하신 서점에서 교환해드립니다.